Christian Setzepfandt, Frank Berger, Jutta Zwilling
101 Männerorte in Frankfurt

CHRISTIAN SETZEPFANDT
FRANK BERGER
JUTTA ZWILLING

101 MÄNNERORTE

IN FRANKFURT

SOCIETÄTS
VERLAG

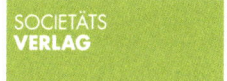

Alle Rechte vorbehalten · Societäts-Verlag
© 2017 Frankfurter Societäts-Medien GmbH
Satz: Julia Desch, Societäts-Verlag
Umschlaggestaltung: Julia Desch, Societäts-Verlag
Druck und Verarbeitung: CPI books GmbH, Leck
Printed in Germany 2017

ISBN 978-3-95542-095-6

Inhaltsverzeichnis

Vorwort

Männer sind speziell. Sie pflegen merkwürdige Leidenschaften wie das Fahren mit Dampfloks oder rituelle Säbelkämpfe mit einkalkulierten Gesichtsverletzungen. Sie behaupten ihre Macht und ihre exklusiven Reviere – mit allen Mitteln. Sie zeigen sich aber auch als verletzliche Väter oder politisch verantwortungsvoll. Inzwischen hat sie die Frauenemanzipation fast überall in die Enge getrieben. Das hat uns gereizt, die letzten „reinen" Rückzugsorte dieser Spezies in Frankfurt am Main aufzuspüren.

Mit Männerorten ist es da so eine Sache. Bei der Konzeption dieses Buches war uns klar, dass es für „Männerorte" substanziell zwei Interessen- und damit Käufergruppen gibt, nämlich Frauen und Schwule. Auf diese Weise erreichen wir naturgemäß 95 Prozent des bücherlesenden Publikums.

Politisch korrekt? Wir nicht. Vereinzelte Sottisen und Sarkasmen gehören zum Handwerk, wir werden den Teufel tun uns dafür zu entschuldigen. Auch auf moralisch Anzügliches und gendermäßig Provokantes verzichten wir nicht, sondern stehen zu unseren Darstellungen. Mit einer Ausnahme: Verzichtet wurde auf die Thematisierung der wenig humoraffinen homosozialen Männerkultur des orientalisch-islamisch geprägten Milieus.

Als Autorenkollektiv wollten wir drei uns der gesellschaftlichen Realität zumindest etwas annähern, und so haben sich ein Schwuler, ein Hetero und eine Frau freundschaftlich zusammengefunden.

Männerorte sind nicht immer hundertprozentige Männerorte. Gewiss, es gibt sie ohne Eintrübung im F.A.Z.-Herausgebergremium, im Vorstand der DZ-Bank und im Pissoir der Commerzbank. Die Wirklichkeit hat sich anderweitig lebhaft durchgesetzt und so irrlichtern Frauen inzwischen in allerhand Männerdomänen herum. Das haben die Verfasser bewusst in Kauf genommen und auch Orte beschrieben, an denen die eine oder andere Frau vorkommt.

Für Hinweise, Unterstützung und Beratung danken wir Sabine Börchers, Marlies Caesar, Dieter Church, Dr. Peter Fasold, Jörg Frank, Thomas Ganick, Sybille Geisler, Holger Heckmann, Horst H. Hilling, Peter Körtel, Ilona Koldijk, Luzian Lange, Till Motzko, Nico Neubig, Ulrich Mattner, Michael Noll, Sascha Reifenberg, Stefan Richter, Karin Rimbach, Ulrike Schidermair, Georg-Augustin Schmidt, Withold Stefanicki, Majer Szanckower, Lars Henrik Thom, Yvonne Weigert, Jan Viola, der BäderBetriebe Frankfurt GmbH und dem Höchster SV 1893 e. V.

Christian Setzepfandt
Frank Berger
Jutta Zwilling

01 Ballonmann
Jean-Pierre Blanchard
Heidestraße

Zwei technische Neuigkeiten konnten die Frankfurter in ihrer Stadt fast als Erste bewundern. Den ersten Flug in deutscher Luft per Ballon und die ersten bewegten Bilder. Eine Reise zulande war im 18. Jahrhundert eine Qual. Wie verlockend musste es da geklungen haben, solche Strecken auf dem Luftweg zurückzulegen.

Die Brüder Montgolfier hatten 1782 erfolgreich einen Heißluftballon aufsteigen lassen. Sie fanden bald Nachahmer. Der Ballonfahrer Jean-Pierre Blanchard (1753–1809) kam im September 1785 zur Herbstmesse nach Frankfurt. Er war sich des großen Interesses eines internationalen Publikums bei der Vorführung eines mit Wasserstoff gefüllten Ballons sicher. Zwei Aufstiegsversuche im September 1785 schlugen fehl. Unter großer Anspannung erfolgte am 03. Oktober 1785 der dritte und dann erfolgreiche Aufstieg auf der Bornheimer Heide zwischen Frankfurt und Bornheim. Um 10.36 Uhr hob der Ballon ab. Angeblich gab es 10.000 Zuschauer, wovon viele innerhalb eines umzäunten Startplatzes Eintritt bezahlt hatten.

Kurze Zeit später warf Jean-Pierre Blanchard auf Höhe der Bockenheimer Warte seinen Hund an einem Fallschirm über Bord. Das Tier kam lebendig unten an. Der Ballonflug Blanchards endete nach 58 Minuten Flugzeit im 63 km entfernten Weilburg. Dies war somit die erste bemannte Ballonfahrt in Deutschland.

Das Interesse an diesem Flug war bei den Zeitgenossen so groß, dass sich die Souvenirindustrie darauf einstellte. Auf einer Teedose aus Höchster Porzellan fand der Ballonflug Darstellung in feiner Purpurmalerei.

Der Rossmarkt mit Blick auf die Schillerstrasse Wartehäuschen u. Hauptwache.

02 Lichtmänner
Die Brüder Lumière in Frankfurt
Hauptwache

Die aus Besançon stammenden Auguste Marie Louis Nicolas Lumière (1862-1954) und Louis Jean Lumière (1864-1948) haben einen Traum der Menschen Wirklichkeit werden lassen – das Erlebte in bewegten Bildern auf Dauer festzuhalten. Am 28. Dezember 1895 wurde in Paris der moderne Film das erste Mal vor Publikum gezeigt.

Am 10. Mai 1896 kamen Mitarbeiter der Brüder Lumière nach Frankfurt, um die Ankunft des Kaisers Wilhelm II zu filmen. Damit entstand der erste nachweisbare Film in Frankfurt. Ein weiterer Film der Lumiéres wurde ebenfalls um den 10. Mai 1896 in Frankfurt gedreht. Dieser Film trägt den Titel „Alter Marktplatz" und zeigt eine Einstellung südwestlich der Frankfurter Hauptwache. Der Titel war wohl falsch gewählt, denn die gezeigte Szene ist die sehr verkehrsreiche Pferdebahnstrecke vor der Frankfurter Hauptwache.

In dem knapp 40 Sekunden langen Film sind eilig laufende Menschen, Pferdekutschen und Schubkarren vor einem Pavillon zu sehen, vor dem sich die Schienen der Pferdebahn teilen. Ein Wagen der Bahn, von einem Pferd gezogen, fährt von links mit wehenden Vorhängen schnell ins das Bild, eine weiterer kommt von rechts. Dies zeigt bereits die moderne Szenerie einer Großstadt.

Die Frankfurter konnten diesen und weitere Filme nur wenige Meter entfernt auf der Zeil 80 im Saal des Frankfurter Orpheums betrachten. Durch die Nähe von Aufnahme und Vorführung des gezeigten Films muss die Wirkung besonders beeindruckend gewesen sein. So beginnt auf der Frankfurter Zeil dank der beiden „Licht"-Männer Lumière die Frankfurter Kinogeschichte.

03 Männchen
Männergeburtsbegleitung
Günthersburgallee 14

Während der Schwangerschaft ihrer Frau unterliegen auch Männer körperlichen Veränderungen. Parallel zur Frau kommt es zur Gewichtszunahme. Der Grund sind offensichtlich veränderte Essgewohnheiten und ein verändertes Sexualleben. Für den Bereich der Sexualität ist es wichtig, dass sich der Mann nicht allein gelassen oder übergangen fühlt, nur weil die Frau jetzt und in Zukunft einem anderen Wesen ihre Aufmerksamkeit und Liebe widmet.

Schwangere Paare haben bei der Geburtsvorbereitung nur wenig Kontakt zu Gleichgesinnten, da Schwangerschaften im Freundeskreis selten parallel auftreten. Fatal ist, dass jeder bei Schwangerschaften nur an die Frau denkt. Auch Männer leben während der Schwangerschaft der vermutlich von ihnen befruchteten Frau in einer emotionalen Extremsituation. Auch sie haben veränderte Befindlichkeiten, Freuden, Ängste und Gefühle.

Der Geburtsvorbereitungskurs ist besonders für den derart allein gelassenen Mann die einzige Chance zum Austausch mit seinen Leidensgenossen. Nicht zuletzt müssen Männer lernen, vor und nach der Geburt des Kindes ihre natürlichen Bedürfnisse erst einmal für längere Zeit zurückzuhalten. Auch vom gemeinsamen Erlernen der Gebärpositionen und Atemübungen kann der Mann ein Leben lang profitieren. Ort der Beratung ist das Frankfurter Familien-Gesundheitszentrum, das sich auch die „Väterbegleitung" auf seine Fahnen geschrieben hat.

04 Männerabteil
Ausnüchterungszelle
Bundespolizeiwache am Gleis 24

Die meisten Polizeireviere verfügen über eine Ausnüchterungszelle. Hierher werden Personen verbracht, die sich im Alkohol- oder Drogenrausch befinden und meist in einem Zustand sind, in dem sie sich oder die öffentliche Sicherheit gefährden. Die Gründe des Deliriums sind vielfältig: übertriebene Geselligkeit, Diskothekenbesuch, Fastnacht, Ehestreit, Fußballexzess, Randalierer, Weihnachtsmarkt, Straßenfest, Polizistenanpöbelei. Wird ein Autofahrer mit mehr als drei Promille angetroffen, dann kann ihm ebenfalls bis zum Eintritt der Nüchternheit die Freiheit entzogen werden.

Die Ausnüchterungszelle ist karg eingerichtet und sinnvollerweise an Wänden und Boden gefliest, um die Reinigung einfacher durchzuführen. Aufgrund des instabilen Gesundheitszustandes der Eingelieferten kann es gelegentlich zu Erbrechen kommen.

Durchaus von Interesse sind die Kosten des Zellenaufenthalts. Für den Transport zur Dienststelle werden dem „Besucher" 50 Euro in Rechnung gestellt. Die Zellennutzung von sechs Stunden kostet 45 Euro, jede Stunde mehr 8 Euro. Mahlzeiten gibt es für 3 bis 9 Euro. Die Endreinigung kostet, abhängig vom Aufwand, bis zu 70 Euro. Die Rechnung wird nach Entlassung per Post zugestellt.

In Ermangelung von Haftgründen werden die meist stark alkoholisiert eintreffenden Menschen – nach wie vor überwiegend Männer – am nächsten Tag wieder auf freien Fuß gesetzt.

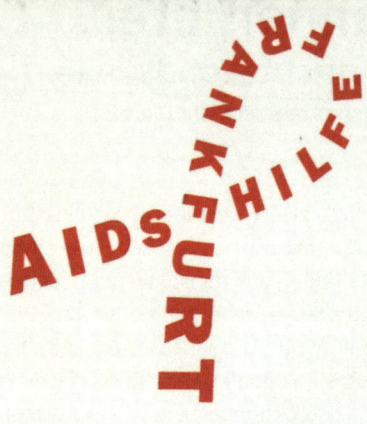

AIDS-Hilfe Frankfurt e.V.

Geschäftsstelle

Beratungs- und Fachstelle

Regenbogendienst

☎ 069 - 405 868-0

www.frankfurt.aidshilfe.de

05 Männerangst
Die AIDS-Hilfe Frankfurt
Friedberger Anlage 24

1982 berichtete eine Frankfurter Zeitung unter der Überschrift „Die Kehrseite des Nachtlebens ist der Kater" über nicht erklärbare Todesfälle an der Universitätsklinik Frankfurt. In Frankfurt wie in den USA waren in kurzer Zeit Männer von einer Krankheit betroffen, die den Medizinern Rätsel aufgab und sie verunsicherte und lähmte. Bei den Betroffenen und ihren Freunden löste sie Verzweiflung, Angst und Panik aus. Ende 1982 starben drei junge Männer an einer Form der Lungenentzündung, die sonst nur bei extrem geschwächten Patienten auftrat. Da die Betroffenengruppe aus jungen schwulen Männern bestand, wurde vermutet, dass die Krankheit durch eine Infektion ausgelöst sein könnte. Der Erreger trug bald den Namen HIV und die Krankheit, die er auslöste, wurde AIDS genannt.

Es entstand jedoch auch etwas anderes, etwas Neues, eine eindrucksvolle Solidarisierung und Hilfe. Aus diesem „Wir-Gefühl" heraus wurde 1985 die Frankfurter AIDS-Hilfe gegründet. Die AIDS-Hilfe Frankfurt kämpfte an vielen Fronten. Sie musste die sozialen und politischen Rechte von Menschen verteidigen, die durch die Krankheit diskriminiert und ausgegrenzt wurden und die schon zu schwach waren, sich zu artikulieren.

Die politische Öffentlichkeit hatte schnell einfache Rezepte zur Eindämmung von AIDS parat. In Frankfurt wie in Bayern wurde die Forderung laut, Infizierte auszugrenzen und zu internieren. Für Uneinsichtige sollte es Isolierstationen geben. Dass solches nicht geschah, lag daran, dass die Krankenhäuser, in denen solche Internierung stattfinden sollte, um ihren Ruf fürchteten. Das Frankfurter Pendant zu Bayerns Peter Gauweiler, der Isolierung forderte, hieß Wolfram Brück und war Oberbürgermeister.

06 Männerauge
Autostrich an der Messe Frankfurt
Theodor-Heuss-Allee

Ein offizieller Frankfurter Straßenstrich ist die Theodor-Heuss-Allee auf Höhe der Messe Frankfurt. Hier fahren Männer im Auto langsam vorbei und gaffen. Fleischbeschau von Freiern aller Nationalitäten und Schichten. Diejenigen, welche die angebotenen Dienste annehmen, sind ganz überwiegend brave Männer, die ein harmloses Vergnügen und eine kleine Abwechslung von daheim suchen. Ausgefallene Wünsche haben sie nicht. Als Dienstleistung überwiegen Geschlechtsverkehr, meist mit Kondom, auf der Rückbank oder im Gebüsch. Alternative ist die etwas preiswertere orale Befriedigung.

An der Allee gibt es zwei Arbeitsbereiche der Damen, entsprechend den beiden Straßenseiten. Die Schicht beginnt in der Regel um 18 Uhr und zieht sich bis morgens hin. Viele Frauen gehen lieber in Frankfurt auf den Strich als ein arbeitsloses Dasein zu fristen. Der Vorteil gegenüber einem Bordell ist, dass sie keine (überhöhte) Miete zahlen müssen. Auch hat jede Frau ihren Aufpasser, der zugleich ihr Partner sein kann. Jedoch sind Kälte und Dunkelheit der Alltag. Immer ist es ein Risiko, zu einem unbekannten Mann ins Auto zu steigen. Kooperativ ist im Problemfall die Polizei und kommt sofort, wenn sie gerufen wird.

Die Tatsache, dass täglich eine Million Männer bezahlte Liebesdienste in Anspruch nehmen, ist die Grundlage des Gewerbes. Die Freizügigkeit in der EU lockte jüngst Damen aus Rumänien und Bulgarien an. Dies ist die Alternative zu Supermarktkasse oder Putzen oder einem oft kärglichen Leben auf dem Balkan. Die männlichen Kunden andererseits verdrängen den prekären Hintergrund ihrer Lustobjekte.

07 Männerbad
Die Schwimmschule von
Johann Friedrich Kleeblatt

Nördliches Mainufer, Höhe Nizza

Anfang des 19. Jahrhunderts veränderte sich die Sicht auf Mensch und Gesundheit rasant. Damals entstand das Ideal eines durch Sport gesund zu erhaltenden Körpers. Auch das vergnügliche Planschen am seichten Mainufer, über das es jahrhundertelang nicht hinausgegangen war, genügte nun nicht mehr. Jetzt waren systematische Übungen gefragt. So erhielt 1809 Johann Friedrich Kleeblatt (1770–1833) die Genehmigung zur Eröffnung der ersten Schwimmschule samt Badeanstalt.

Wo heute der kanalisierte Main vor dem Nizza in raschem Tempo die Stadt passiert, erteilte der „Lehrer der Schwimmkunst" innerhalb einer am Stadtrand gelegenen hölzernen, aber wasserdurchlässigen Abgrenzung im Fluss seinen Unterricht. Kleeblatt musste die Frankfurter Garnison sowie mittellose Knaben kostenlos unterrichten, erhielt jedoch eine Entschädigung dafür. Schon 1813 konnte er auf seine Erfolge verweisen: „Viele von Frankfurts Söhnen, …die vor wenigen Wochen noch vor diesem Elemente zitterten, …zurückbebten, sind nun dahin gebracht, daß sie sich freudig selbst hineinstürzen und mit brennender Begierde als Schwimmer sich zu zeigen wünschen."

Für die Jungen führte die Stadt den Schwimmunterricht 1846 obligatorisch ein. Den Mädchen blieb er bis 1894 mit fadenscheinigen Argumenten verwehrt: Das „klassenweise Baden" laufe dem „weiblichen Charakter zuwider". Zudem bestanden Bedenken, weil Mädchen das geweckte Bedürfnis nicht „in gleichem Maße" befriedigen könnten wie die Jungen, da es damals noch keine Frauenbadeanstalten gab. Die strikte Geschlechtertrennung hob Frankfurt erst 1917 mit der Genehmigung für das erste Familienbad auf.

RIEDBAD
BERGEN-ENKHEIM

08 Männerballett
Synchro Libido
Riedbad

Normalerweise ist es umgekehrt. Der weibliche Teil der Menschheit versucht nach und nach, standhaft verteidigte Männerdomänen zu erobern – vom Boxring bis zum Motorradfahren. Beim Synchronschwimmen ist das aber anders. Die grazilen rhythmischen Bewegungen zur Musik, die künstlerischen Elemente – all dies lässt den Sport in den Augen vieler allein für Damen passend erscheinen. Haarige Männerbeine, die bei kunstvollen Figuren aus dem Wasser ragen? Eine Schreckensvorstellung für echte Machos.

Immer mittwochs treffen sich sieben schwule Männer, um im Riedbad ihre Formationen zu trainieren. Die von sechs Männern gegründete Gruppe Synchro Libido besteht seit 1995 und gehört zum Frankfurter Volleyball-Verein, einem schwul-lesbischen Sportclub mit rund 800 Mitgliedern. Sie waren die erste rein männliche Synchronschwimmgruppe Europas und sind bis heute die einzige in Deutschland. Was zunächst als Parodie von Streckenschwimmern auf einen als lächerlich empfundenen Damensport begann, ist längst Ernst geworden. Inzwischen fühlen sich die ehrgeizigen Herren diskriminiert. Denn erst ab 2015 waren bei der Weltmeisterschaft Männer im Synchronschwimmen zugelassen. Bei Olympia im Folgejahr durften sie aber nicht antreten.

Synchro Libido beteiligte sich seit Ende der 1990er Jahre an Wettkämpfen und ab 2003 an den Deutschen Meisterschaften. Dass es eine weiblich dominierte Sportart bleibt, kommt auch darin zum Ausdruck, dass die Schiedsgerichte bei den Mixed-Wettkämpfen weiblich besetzt sind. Außerdem haben die Herren eine Trainerin. Als ehemalige Leistungssynchronschwimmerin verlangt sie den Jungs kraftzehrende Hebefiguren ab.

09 Männerbegriffe
Puff, Bordell, Freudenhaus, Laufhäuser
Taunusstraße

Woher kommen Wörter. Manchmal ist das klar. Das Wort Bier zum Beispiel stammt vom keltischen Wort „Bjoer", das „Schäumende" ab. Das passt also!

Aber die Worte Lupanar, Puff, Bordell, Freudenhaus und Laufhaus und die vielen anderen Bezeichnungen für Orte des käuflichen Sex, woher kommen diese? Beginnen wir mit dem Lupanar. Im alten Rom gab es selbstverständlich Orte der käuflichen Lust. Die, so liest man, Orte der großen und kleinen Ausschweifungen gewesen sind. Der Name Lupanar leitet sich vom lateinischen Wort Lupus, der Wolf, ab. Die in den Einrichtungen arbeitenden Frauen waren Lupae, also Wölfinnen!

Das Wort Puff kommt von einem Brettspiel, das in den Häusern der Lust gespielt wurde. Das Wort Bordell kommt vom französischen Wort für Bretterbude: „bordel". In Frankfurt sind die meisten Bordelle nun Laufhäuser. Mit dem Laufen der Kunden wird zweierlei erreicht. Einmal sollen die Frauen möglichst in den Zimmern bleiben, damit keine Zeit für die Kundschaft verloren geht. Die Männer ihrerseits sollen das Gefühl der Neugier und des Jagdtriebes erleben.

Das Wort Prostitution stammt ebenfalls aus dem Lateinischen und bedeutet „sich zur Schau stellen". Was sich ja nun nicht nur auf den käuflichen Sex beziehen kann. Und das Wort: Freudenhaus – nun ja, Freude sollte der Mann dort haben. Noch ein Begriff: auf den Strich gehen. Dieses Synonym entstand dadurch, dass die Frauen in den Städten mit geregelter Prostitution möglichst auf der Markierung liefen, an der die für sie erlaubten Reviere begannen.

10 Männerbeine

Empfang für den schnellsten Mann der Welt

Uhrtürmchen, obere Berger Straße

Das Bornheimer Uhrtürmchen ist ein Ort besonderen männlichen Triumphes: Voller Begeisterung feierten hier die Frankfurter den Sprintstar Armin Hary (*1937) nach seinem Weltrekord am 21. Juni 1960 im 100-Meter-Lauf im Züricher Letzigrund. Zehnkommanull! Das hatte zuvor noch keiner geschafft. Schon gar kein Weißer – bis heute! Es war eine Sensation. Vor allem für Frankfurt, denn Hary war für den FSV gestartet, der zu dieser Zeit weniger in die Fußballer, als vielmehr in seine Leichtathleten investierte.

Die Sensation kam nicht unerwartet. Der kurzzeitige Wahl-Frankfurter hatte schon zwei Jahre zuvor die Traumzeit erreicht. Das Ergebnis erhielt jedoch keine offizielle Anerkennung, weil die Bahn ein um ein Prozent zu starkes Gefälle aufgewiesen hatte. Auch in Zürich sollte Hary nach dem Willen der Verbandsoberen nicht starten. Aber der zielstrebige Läufer ließ sich die Gelegenheit, auf der schnellsten Aschenbahn Europas zu starten, nicht nehmen. Nach einem angeblichen Frühstart lief der nervenstarke Sportler die Weltrekordzeit im Wiederholunglauf ein drittes Mal. Damit war es amtlich.

Nur 72 Tage später gewann er über die 100-Meter-Distanz und in der 4 x 100-Meter-Staffel in Rom zweifach Olympia-Gold und steigerte die Ehre des FSV ein weiteres Mal. Doch trotz des sportlichen Erfolgs galt der unangepasste Sprinter, der klare Worte auch gegen seinen Sportverband und die Funktionäre nicht scheute, als das enfant terrible in der deutschen Leichtathletikszene. Auch sein Verzicht auf einen Trainer gefiel nicht jedem. So erklärte er kurz nach der Olympiade, nach Querelen über Spesenabrechnungen und einem Autounfall seinen Rücktritt vom Leistungssport.

11 Männerbekanntschaft
Parkplatz Buchrain

A 661, am Offenbacher Kreuz

Der ahnungslose Kurzparker wundert sich. Von Darmstadt Richtung Frankfurt auf der A 661, kurz hinter dem Offenbacher Kreuz, gibt es einen beliebten Ganztagstreff von Männern, der gelegentlich abends auch von Paaren und Frauen angesteuert wird. Zeitweilig war er fest in schwuler Hand. Doch neuerdings wurden die Büsche gerodet, so dass der Blickschutz entfällt. Sollten damit die Besucher geärgert werden? Der Parkplatz hat keinen Anschluss an das öffentliche Netz der Wanderwege. Nur einige Trampelpfade führen von außen dorthin. Das Aktionsgebiet der Vergnügungen befindet sich weiter hinten im Wald.

Beliebt sind auch Outdoor-Aktivitäten, die nicht allzu diskret sind. Es sollten schon warme Tage sein, sonst ist es ungemütlich. Zuschauer und Mitspieler können dem Vergnügen dienlich sein. Als Unterlage eignet sich gerne die Motorhaube des Wagens. Oder man treibt es diskret neben einem geparkten LKW, wenn es ein wenig Blickschutz geben soll. Wer in Gegenrichtung mit vergleichbaren Wünschen unterwegs ist, möge den westlich gelegenen „Parkplatz am Oberforstweiher" ansteuern.

Ein tragisches Ereignis trug sich am 3.3.2013, einem Sonntag, zu. In Selbstmordabsicht fuhr in einem Mercedes-Benz mit Darmstädter Kennzeichen ein 24-Jähriger ungebremst auf einen hier abgestellten Sattelschlepper auf. Das hatte wohl nichts mit den dortigen Liebesaktivitäten zu tun – aber mit Männern.

12 Männerberuf
Feuerwehrtaucher

Franziusstraße 20

Der Standort der Feuerwehrtaucher befindet sich – wo sonst – am Hafen. Diese Einheit wurde bereits 1928 gegründet. Wir finden sie in der Bereichswache 40 der Frankfurter Berufsfeuerwehr in der Franziusstraße am Osthafen. Mann kennt sie auch als „Hafenwache". Die Mannschaft besteht aus der Besatzung des Feuerlöschbootes und aus den Tauchern. Ihr Einsatzgebiet reicht vom Brunnen über den kleinsten Tümpel bis zum Main, der eine Bundeswasserstraße ist. Die Aufgaben der Feuerwehrtaucher sind das Bergen von Wasserleichen, Rettung von Tieren und Menschen aus Wasser, Hochwasser und Eis, Hilfe bei Bootsunfällen und Bergung von Tatwaffen.

Es gibt 35 aktive Feuerwehrtaucher, die in drei Schichten rund um die Uhr im Dienst sind. Pro Jahr gibt es 200 bis 250 Einsätze. Ständig muss geprobt werden, mit Überlebensanzügen gegen Kälte und mit hitzefesten Schwimmwesten bei Schiffsbrand. Für Übungszwecke gibt es einen Tauchturm, in dem 12 m Wassertiefe simuliert werden können.

Das Bergen von Leichen aus dem Main hat natürlich die größte Presse, kommt aber selten vor. Bei alltäglichen Übungen im dunklen Wasser müssen sich die Feuerwehrtaucher auf dem Grund des Flusses vortasten. Fundträchtig ist die Umgebung der Mainbrücken. Hier finden sich entsorgte Fahrräder, diverser Müll und sogar Waffen älterer Zeiten. Für diese interessiert sich dann das Historische Museum Frankfurt.

13 Männerblut

Gutleutkaserne

Gutleutstraße 112 – 116

Fast ein Jahrhundert lang kann die Gutleutkaserne als nahezu lupenreiner Männerort gelten – abgesehen von ein paar Reinemachfrauen vielleicht. Von 1880 bis 1977 erschallten auf den Höfen die Kommandos der Offiziere, hallten die Mauern vom Stiefelknallen exerzierender Soldaten wider. Bis zu 2.000 waren es in Höchstzeiten.

Nach der Annexion Frankfurts durch Preußen 1866 wollten sich die neuen Herrscher nicht dauerhaft mit der Unterbringung ihrer Truppen im Karmeliterkloster begnügen. Schon die Planung eines neuen Hauptbahnhofes einbeziehend, fiel die Wahl auf ein Grundstück weit außerhalb der damaligen Stadt. Die Berliner Bauinspektoren Bruhn und Zacharias entwarfen einen hochmodernen Komplex nach standardisiertem Bauschema für preußische Garnisonen, der mit den für Frankfurt damals untypischen Sichtziegeln zu einer deutlichen Machtdemonstration geriet. Schließlich sollte der bislang eigenständige Stadtstaat als preußische Provinzstadt künftig sicher unter Kontrolle bleiben. Das Erste Kurhessische Infanterie-Regiment Nr. 81 bezog in der Gutleutkaserne bis zum Ende des Kaiserreiches 1918 Stellung. „Zehnmännige Stuben" für die einfachen Soldaten, ein repräsentativer Betsaal, Offizierswohnungen und ein Exerzierhaus standen zur Verfügung. Seit den 1920er Jahren teilten sich Soldaten und Polizisten die Kaserne.

Ab 1945 nutzen die US-amerikanischen Besatzer das „funny old castle" als Verteilstation für alle US-Soldaten, die in Europa stationiert wurden, und für die 300-köpfige Military Police. Nach deren Abzug 1977 stand der Totalabriss des geschichtsträchtigen Gebäudes bevor. Die Denkmalpflege rettete schließlich das Hauptgebäude, in das 1994 ein Teil eines Behördenzentrums einzog.

14 Männerbrache

Sudfass

Oskar-von-Miller-Straße 10

1974 ging es los! Der Kölner Dieter Engel eröffnete am Beginn der Oskar-von-Miller-Straße einen Ort für zu bezahlenden Sex, das Sudfass. Zuerst als Saunabetrieb für das Frankfurter schwule Publikum. Bald aber wurden die warmen Bäder für den Frankfurter Hetero-Mann zum Hort des gehobenen heterosexuellen Sexes. Das Sudfass wurde national und international zum Synonym für Frankfurts Bordellszene und ihre exklusive Ausprägung.

Über einen kleinen Pool gelangte der sexwillige Herr über 25 Meter „schwimmend" zu den Frauen des bezahlbaren Sex. Damit waren die Jungs schon mal einigermaßen sauber! Dieter Engel achtete auf seine Damen. Auch durch Sozial- und Krankenversicherung. Das Ambiente: zwischen Kunst und Kitsch. Engel ist ein bekannter und höchst engagierter Sammler von erotischer Kunst, mal unterhaltend, mal billig, mal von namhaften Künstlern. Auch als Förderer der Literatur wird Engel in Frankfurt geschätzt.

Ein Springbrunnen in der Form eines Penis stimmte den Besucher ein. Die Frankfurter Taxifahrer wurden mit einem 20-Mark-Schein für jeden hier abgelieferten Kunden belohnt. Auch so funktioniert Werbung. Nach einem Brand verkaufte Engel seine Liegenschaft am Main für einen ansehnlichen Betrag. Heute ist an der Stelle des Bordells ein Wohnhaus mit Mainblick entstanden, hier hat es sich zumindest kommerziell ausgevögelt!

15 Männerbräune
Nackt im Grüneburgpark

Grüneburgpark

Nacktbaden kann man mitten in der Stadt Frankfurt, im schönen Grüneburgpark. Diese 39 Hektar große Anlage gehörte einst dem Bankier Rothschild. 1936 wurde daraus ein öffentlicher Park. Im hinteren, also oberen Teil des Parks, auf gepflegtem Wiesengelände, kommen die stadtnahen Sonnenanbeter zusammen. Weniger die Sonnenanbeterinnen. Es sind deutlich mehr Männer als Frauen zu sehen. In der Mitte einige Bäume und Sträucher, weswegen sich der liebevolle Ausdruck „Homowäldchen" eingebürgert hat.

Das Nacktbaden geht höchst gesittet vor sich; niemand wird belästigt. Und wenn sich zwei Männer ein kleines Vergnügen bereiten wollen, gehen sie diskret ins Gebüsch. Kein Grund zur Aufregung also. Dennoch gibt es immer wieder Biederbürger und Kinderbesitzer, die herumnörgeln. Unerfreulich auch, dass verklemmte Geister bei der Frankfurter Ordnungsbehörde öffentliche Ärgernisse im Park ausmachen wollen. Weiterer Nachteil: Es gibt kein Gewässer zum Abkühlen in der Nähe, wie etwa in München.

Das Ganze hat Historie. Am 30. Juni 1973 betrieb die „Rote Zelle Schwul" Emanzipation und veranstaltete hier das „Park- und Klappenfest". Und setzte so ein weithin beachtetes Zeichen gegen die nicht nur unterschwellige Diskriminierung. Eine ungewöhnliche Aktion weithin in der westdeutschen Schwulenbewegung. Nach wie vor befindet sich der Park auf dem Ranking der Top 10 Gay Cruising Sites in Frankfurt. Hier kommt eben jeder auf seine Kosten. Doch bei gutem Wetter wird es stressig mit den ganzen Joggern, Hundebesitzern, Eltern und Fußballern.

16 Männerbuch
Bordellführer
Karl-Heinrich-Ulrichs-Platz

Männer sind praktisch, wenn es um das Thema Prostitution geht. Die Informationsbeschaffung hierzu ist heute der Tipp des Freundes oder das Internet. Aber schon früher waren Hinweise und Führer zur Befriedigung gewisser Bedürfnisse in gedruckter Form erhältlich. So das Buch „Briefe über die Galanterien von Frankfurt am Mayn", erschienen 1791 in Leipzig. Allerdings wurde als Erscheinungsort London genannt, um den Verlag und den Autor zu verheimlichen. Bei Büchern eines als anstößig empfundenen Inhaltes mussten die Verleger befürchten, dass die gesamte Auflage beschlagnahmt werden konnte. Was lag da näher, als den Erscheinungsort zu verschleiern.

Als Autor des Frankfurter Lustführers wurde Freiherr von Evilmerodach genannt. Ein Pseudonym, hinter dem sich wahrscheinlich der Goethe-Freund und Hautarzt Dr. Johann Christian Ehrmann verbarg. Er beschrieb in einer Art Briefroman an einen intimen Freund die Orte der gewerblichen Lust in Frankfurt. Dem geneigten und mit gewissen Bedürfnissen ausgestatteten Freund wurden die einzelnen Orte der Lust, die professionellen Frauen und ihre Besonderheiten vorstellt. Meist waren dies Wirtshäuser in der Altstadt im sogenannten Rosenthal. Dies sind die Straßen westlich der heutigen Paulskirche. Die Rosengasse, die Rotekreuzgasse und das Citronengässchen bildeten seit dem Mittelalter das Bordellviertel.

Daneben ist das „lustige Dorf" Bornheim beschrieben. „Lustig" mein hier Lust! Nach Bornheim zog es die Männer, wenn sie vermeiden wollten, in der Stadt in einschlägigen Betrieben gesehen zu werden. Manche der heutigen Apfelweinwirtschaften in Bornheim haben eine solche „Rotlicht"-Vergangenheit.

17 Männerbund
F.A.Z.-Herausgebergremium
Hellerhofstraße 2 – 4

Sie war schon immer die Beste, die 1856 von Leopold Sonnemann gegründete „Frankfurter Zeitung": liberal, demokratisch und wirtschaftskompetent. Die Frankfurter Allgemeine Zeitung („F.A.Z.") steht bis heute in dieser geistigen, institutionellen und personellen Tradition.

Als es 1949 zur Gründung der F.A.Z. kam, bestand das Gremium der Gründungsherausgeber aus den Männern: Hans Baumgarten, Erich Dombrowski, Karl Korn, Paul Sethe und Erich Welter. 2017 teilen sich vier Männer die Herausgeberschaft: Werner D'Inka, Jürgen Kaube, Berthold Kohler und Holger Steltzner.

Zwischen den genannten Zeitpunkten gab es 13 Personen, die überwiegend für längere Zeit als Herausgeber fungierten. Bei diesen 13 Personen handelte es sich um 13 Männer. Daraus kann geschlossen werden, dass es sich bei dem Herausgebergremium der F.A.Z. um einen der wenigen lupenreinen Männerorte in Frankfurt handelt. Und daran soll sich – dem Vernehmen nach – auch nichts ändern. F.A.Z.-Herausgeber bekommen ein ansehnliches Gehalt, halten Anteile am Verlag und genießen das ein oder andere kleine Privileg – daran sollen Frauen offenbar nicht teilhaben.

Warum auch. Zum einen ist das Gremium bisher von genderkorrektem Gezeter verschont geblieben. Zum anderen produziert es seit 1949 die beste Tageszeitung deutscher Sprache – zumindest nördlich des Weißwurstäquators. Daran können auch Frauen nichts mehr verbessern. Gerne betonen wir an dieser Stelle die Tatsache, dass es auch überzeugende weibliche Herausgeberinnen und Journalistinnen zuhauf gibt.

18 Männerclub
Vorstand der DZ-Bank
Platz der Republik

Frankfurter Vorstandsetagen pflegten bis vor Kurzem die männliche Monokultur. Doch hier und da regen sich neue Pflänzchen. Der Vorstand der Commerzbank besteht aus Martin Zielke, fünf weiteren Herren und einer Generalbevollmächtigten. John Cryan musste den Vorstand der Deutschen Bank 2016 erst einmal von acht auf elf Mitglieder erweitern, damit erstmals zwei Damen aufgenommen werden konnten. Dies ist eine Novität in der 147-jährigen (Stichdatum 2017) Geschichte dieses Geldhauses. Der Vorstand der Frankfurter Sparkasse von 1822 umfasst Robert Restani und drei weitere Herren.

Republikweit liegt der Anteil von Frauen in den obersten Führungszirkeln der Wirtschaft irgendwo knapp über sechs Prozent. Woran liegt es? Gibt es nicht genug qualifizierte Frauen für die Top-Etagen? Wenn eine norwegische Studie feststellte „Frau fördert Frau", darf man dies getrost herumdrehen und erhält das genannte Resultat. Dabei klaffen Vorstände und Aufsichtsräte auffallend auseinander. In den Kontrollgremien nähert sich der weibliche Anteil inzwischen der 30-Prozent-Marke.

Den großen Preis für Traditionspflege verleihen wir der DZ-Bank. Der Vorstand der DZ-Bank beschränkt sich auf Wolfgang Kirsch und acht weitere Herren. Unschwer lässt sich dieser Zustand aus der Historie ableiten. Das Institut hat seine Wurzeln in den ländlichen Kreditgenossenschaften, also im landwirtschaftlichen Bereich. Und auf dem Hof hat der Bauer das Sagen, so war es schon immer. Der Verzicht auf die andernorts übliche Alibifrau zeugt vom Selbstbewusstsein der Männer im Spitzeninstitut des genossenschaftlichen Bankensektors.

Donnerstag, den 17. August 2017
07.00 – 24.00 Uhr

SPERRUNG
und Halteverbot

Alle Straßen im Bahnhofsviertel werden zur

BAHNHOFSVIERTELNACHT

im Bereich zwischen Gallusanlage und
Am Hauptbahnhof sowie zwischen Mainzer
Landstraße und Gutleutstraße
in der Zeit von 10:00 – 24.00 Uhr voll gesperrt.

Ab 07.00 Uhr herrscht im gesamten beschriebenen Bereich
Halteverbot. Da in diesem Sperrbereich keine Fahrzeuge
verbleiben dürfen, beginnen mit Inkrafttreten der Halteverbote
umfangreiche Abschleppmaßnahmen.

Zur Vermeidung des kostenpflichtigen Abschleppens sind
Sie dringend gebeten, Ihr Fahrzeug am 17. August spätestens
bis 07.00 Uhr aus dem Sperrbereich zu entfernen.

19 Männerduft
Pissoir
Moselstraße

Ist ein Pissoir für Männer politisch korrekt? Ja, was denn sonst? – es ist für Männer. Außerdem, wollen sich Frauen von vorne oder von hinten bei diesem Geschäft beobachten lassen? In der Öffentlichkeit eher nicht.

Für viele Jahre waren die Klagen im Frankfurter Bahnhofsviertel laut und dem Geruch entsprechend angemessen. Nach den Bordellbesuchen wollten viele Männer nur noch aus den Häusern des käuflichen Sex heraus, um an der nächsten Ecke festzustellen, dass doch noch was drückte. Da lag der nächste Hauseingang nah. Im Sommer unerträglich, Straßenseite wechseln zwecklos. Also musste eine Lösung her. Über Jahre wurde über Form und Material im Frankfurter Rathaus diskutiert. Andernorts pragmatisch, in Frankfurt dogmatisch. Endlich war die Entscheidung gefallen, als ein Sieg der Vernunft gefeiert. In der Moselstraße sollte beispielhaft ein neues Örtchen für Erleichterung stehen. Der Presse war das Aufstellen eine Meldung wert.

Aber dann: Plötzlich sprach sich, oh Wunder, herum, dass das Pissoir nur für Männer ist. Offen, wie die Konstruktion ist, sollte sie auch sein. Die Absicht: Es sollte sich niemand für etwas anderes außer der Zweckbestimmung dort zu schaffen machen können. Insbesondere Drogendealer und Junkies sollten hier keinen unbeobachteten Ort haben.

Und wie geht es nun weiter? Mehr solcher Pissoirs müssen her. Der Wunsch, dass sich in Frankfurt das Wildpinkeln durch Aufstellen von Pissoirs reduziere, hat sich noch nicht erfüllt. Es müssen mehr solcher Pferche her. Der guten Frankfurter Luft wegen.

20 Männerdurst
Privatbrauereien
Oeder Weg 57

Frankfurt ist eine Stadt des Ebbelwoi – denkt man! Weit gefehlt. Der Apfelwein war das Getränk der Vororte, wie Bornheim oder Seckbach. Frankfurt war Wein- und Bierstadt. Von den ehemals mehr als 300 größeren und kleineren Brauereien des 18. Jahrhunderts waren im 19. Jahrhundert nur noch knapp 40 übriggeblieben. Die Konzentration setze sich nach dem Zweiten Weltkrieg fort. Heute sind neben der Radebergergruppe in Frankfurt noch drei kleine Brauer zuhause.

Neu, aber mittlerweile sehr etabliert, ist die Brauerei „Braustil" im Oeder Weg vom dreimal DLG-ausgezeichneten Braumeister Sascha Reifenberg und Georg-Augustin Schmidt. Die beiden haben ein mutiges Unternehmen gestartet. Etwa 20 Biersorten werden im Jahr gebraut. Einige davon sind immer im Angebot, andere wie es Biertradition ist, nur zu bestimmten Jahreszeiten. In jedem Falle ist alles Handarbeit und weitgehend Bio!

Etwas länger gibt es schon die „Zwölf Apostel" in der Rosenbergerstraße 1. Seit weit über 100 Jahren wird hier gebraut. Es ist ein besonderes historisches Kuriosum, dass die Brauerei zum Haus, aber nicht zur Gaststätte gehört. Der Lohnbrauer kommt alles sechs Wochen vorbei und braut zwischen Erdgeschoss und Keller das neue Bier. Durch ein Fenster von der Straße aus sieht man die Bottiche und im Keller befinden sich die Drucktanks.

Noch heute ist in Frankfurt der Deutsche Mälzerbund zuhause. Zu diesem gehören 31 Mälzereien oder Mälzereigruppen mit insgesamt 42 Produktionsstätten. Der Bund vertritt circa. 65 % der deutschen Malzindustrie. Prosit heißt: es möge nützen!

Bedingt durch einen
Brandschaden bleibt
die Bar vorerst
geschlossen.

21 Männerfalle
Venusberg Bar
Uhlandstraße 21

Vorbei an einem bronzenen Satyr, der eine Nymphe in eindeutiger Geste umfasst, ging es jahrelang in ein kitschiges Reich der Erotik: die Venusberg Bar. Geschaffen hat diesen von männlichen Obsessionen geprägten Ort der langjährige Sexunternehmer Dieter Engel (*1937). Vier Jahrzehnte betrieb er den um die Ecke gelegenen Saunapuff Sudfass und das Erotikhotel „West-Östlicher-Diwan" – bekannt für eine bis in den letzten Winkel exzentrische Ausstattung mit erigierten Gliedern, Damen in eindeutigen Posen und Darstellungen koitierender Paare. Nachdem sein Erotikmuseum in Köln gescheitert und ein Großteil der einschlägigen Sammlung an das Beate-Uhse-Museum nach Berlin gegangen war, unternahm Engel 1999 einen neuen Versuch, seine schlüpfrigen Schätze zu präsentieren.

Damals zog die 1985 vom Ex-Knacki Peter Zingler und der Schriftstellerin Doris Lerche gegründete Romanfabrik, der Engel das Kellergewölbe in seinem Anwesen Uhlandstraße 21 lange überlassen hatte, in ein größeres Domizil um. Engel verwandelte die Räume in ein Refugium für Liebhaber altmodischer Pornografie. Zwischen Bildern von Nonnen und Mönchen in pikanten Posen, frivolen Skulpturen, Zeichnungen und Gemälden im Stil der Sudfass-Dekoration lud Engel rund 250 Mal zu durchaus ernsthaften Lesungen erotischer Werke. Unter dem Motto „Schauen Sie! Staunen Sie! Genießen Sie!" gab er in einem kaum kommerzialisierten Rahmen Gelegenheit, sich ohne jegliche Prüderie der Darstellung sexueller Freuden in Kunst, Kitsch und Literatur hinzugeben. Kein Wunder also, dass auch die Frankfurt Smokers Night lange hier ihre Zigarren genoss. Seit einem verheerenden Brand Anfang 2015, der weite Teile des Interieurs zerstörte, ist die Venusberg Bar leider geschlossen.

22 Männerfleisch
Die 30 Barrikadenkämpfer
Hauptfriedhof

Auf dem Frankfurter Zentralfriedhof stehen nicht weit voneinander zwei obeliskenförmige Denkmäler, die an die Toten zweier Seiten des gleichen Ereignisses gedenken. Es geht um die Barrikadenkämpfe vom 18. September 1848. Hintergrund der Krawalle war ein Verrat Preußens gegenüber dem ersten frei gewählten deutschen Parlament, der Frankfurter Nationalversammlung. Doch auch von ihren Abgeordneten sah sich die aufgebrachte Frankfurter Bevölkerung, darunter viele Handwerker und Arbeiter, schwer enttäuscht.

Bewaffnete Frankfurter versammelten sich in der Innenstadt. Sie errichteten insgesamt 40 Barrikaden auf der Zeil, in der Fahrgasse und am Mainkai. Auf der Gegenseite stand preußisches und österreichisches Militär, das die Regierung aus Mainz herbeigerufen hatte. Die bewaffnete Frankfurter Bürgerwehr trat nicht in Erscheinung. Reichsverweser Erzherzog Johann floh nach Bockenheim. In der Nähe des heutigen Merianplatzes wurden die rechten Abgeordneten Felix Fürst von Lichnowsky und Hans von Auerswald von einer aufgebrachten Menge erschlagen.

Als der Aufstand am Abend zu Ende war, wurden 44 Tote gezählt. In Sichtweite voneinander widmeten die Frankfurter Bürger ihnen zwei Denkmäler, säuberlich nach den gegnerischen Parteien getrennt. Das zentrale Denkmal in Gewann E gedenkt der beiden Abgeordneten und der zwölf getöteten Soldaten auf Seiten der Sieger. Der schlichtere Obelisk am Rande ist den besiegten 30 Aufständischen „aus dem Volke" gewidmet.

DURCHGANG NUR FÜR PILOTEN !
Das Fliegen ist lt. Genehmigung des
Reg.-Präsidenten in Darmstadt ausschliesslich
nur Vereinsmitgliedern gestattet, gem. unserer
Betriebsordnung. Zuwiderhandlungen werden
strafrechtlich verfolgt.

Der Sportausschuss des FVL

23 Männerflug

Modellfluggruppe des Frankfurter Vereins für Luftfahrt (FVL)

Modellflugplatz Diedenbergen

Schon Ikarus war vom Fliegen fasziniert. Der Reiz, die Schwerkraft zu überwinden und mit selbstgebauten Apparaten in den Himmel zu steigen, befiel danach nicht nur Leonardo da Vinci oder Graf Zeppelin, sondern viele andere – vorzugsweise Jungs und Männer. Wer vom Virus infiziert ist, tüftelt mit unglaublicher Leidenschaft an seinen Fluggeräten, die heute nicht selten vorbildgetreue verkleinerte Nachbauten großer Maschinen mit beeindruckenden Spannweiten von mehreren Metern sind.

So richtig Spaß macht das Fliegen aber nur, wenn mit Gleichgesinnten über das effizienteste Trimmen oder die geilste Fernsteuerung gefachsimpelt werden kann. Auch waghalsige Loopings und exakt absolvierte Flugrouten sind in Gesellschaft von Experten gleich um ein Vielfaches schöner als allein. Kein Wunder also, dass 1949 auf Basis einer Zeitungsannonce einige begeisterte Modellflieger – allesamt Männer – in Frankfurt zusammenfanden, die am Rande der Trümmerwüste ihre Kisten steigen ließen. Noch im selben Jahr beteiligten sie sich erstmals erfolgreich an Wettbewerben. Bis heute sind die Modellflieger vom FVL weltweit auf den vorderen Plätzen vertreten. Auf ihrem Modellflugplatz, mit dem sie sich wegen der Beschränkungen durch den Verkehrsflughafen 1960 nach Diedenbergen zurückzogen, richten sie auch selbst Wettkämpfe aus.

Wie die Flugzeuge ist auch der Flugplatz eine Kopie der normalen Fliegerei en miniature: mit Flugbetriebs- und technischem Leiter, Start- und Landebahn sowie gelegentlichen Protesten gegen den Fluglärm.

24 Männerfragen
Männerberatungstelefon von Pro Familia

Palmengartenstraße 14

Das Männerberatungstelefon Frankfurt ist eine Einrichtung des Verbandes „Pro Familia". Hierher können Männer mit männerspezifischen Problemen kommen, um sich von außenstehenden Fachmännern beraten zu lassen. Versierte Sexualpädagogen helfen den Betroffenen, den Kreislauf der eigenen Gedanken zu durchbrechen. Dabei kann es sogar gelingen, Leiden zu lindern, im besten Fall auch zu beheben.

Nahezu alle Anliegen der hilfesuchenden Männer haben mit dem sexuellen Bereich zu tun. An der Spitze steht das weite Feld der sexuellen Funktionsstörungen. Stress in Beruf und Partnerschaft, Kinderwunsch, Arzneimittel, Leistungsdruck, Traumata, Erkrankungen, Alterserscheinungen, all dies und viel mehr führen dazu, dass der Mann nicht mehr kann. Das gewissermaßen gegenteilige Problem kann ein vorzeitiger Samenerguss darstellen. Er erzeugt nicht selten Unmut beim Liebesakt.

Zur Sterilisationsberatung kommen sowohl Männer als auch Frauen: aus Kinderphobie, Bindungsangst, wegen negativer Familienplanung, Spaß an Sex ohne Folgen, aus gesundheitlichen Gründen. Ziel ist eine Operation, die zur Sterilisierung führt. Wenn der Mann „es" machen lässt, ist der Aufwand geringer. Und die Kosten sind es auch. Für 400 Euro bekommt der Mann beide Samenleiter durchtrennt. Nach zwei Wochen sollten Sex und Sport wieder möglich sein. Die Männerberatung erfolgt zunächst telefonisch, kann aber auch zu weiterführenden Maßnahmen überleiten.

25 Männergalerie
Klassikstadt Fechenheim

Orber Straße 4a

In den denkmalgeschützten Backsteingebäuden der ehemaligen Landmaschinenfabrik Mayfarth in Fechenheim eröffnete Ende 2010 die Klassikstadt. Hier gibt es 45 Firmen mit direktem Bezug zum Automobil und damit zum deutschen Mann. Ausgestellt sind automobile Raritäten von der Frühzeit bis zum Supersportwagen. Das Besondere ist: Es ist kein Museum, sondern die Fahrzeuge können auch gekauft werden, freilich zu ordentlichen Beträgen.

Die Klassikstadt ist auch ein Ort der Einkehr und Unterhaltung. Die zugehörige Gaststätte führt den Namen „Werkskantine". Und dann gibt es laufend automobile Events mit markenspezifischem Schwerpunkt. Maserati oder Jeep, Münch oder Porsche, Fiat oder Jaguar, Alfa oder Vespa, die Klassiker beherrschen das Feld. Ein gewisser Schwerpunkt liegt auf Italien, dem Land der schönsten Autos, schönsten Männer und schönsten Kleidung.

So macht es nicht nur Männern Spaß – obwohl es sich um Autos handelt –, durch die Klassikstadt zu schlendern. Das Siegel als typischer Männerort dürfte beinahe schon umstritten sein, so viele Frauen sind hier in der Klassikstadt zu sehen. Und das nicht nur als Anhängsel, sondern ehrlich und unverstellt interessiert. Begründet liegt dies offenbar im weiblichen Sinn für Ästhetik, der sich inzwischen auch auf Automobile ausbreitet.

Wer seine teuren Rahmengenähten aus Pferdeleder selbst in Schuss halten will, lernt im Pflegeseminar die Kniffe der Zunft: keine Schuhcreme, sondern Palmenwachse. Schön den Staub mit der Rosshaarbürste entfernen und mit Kaschmir- oder Yakhaarbürste für Glanz sorgen.

26 Männergebiet
Toleranzzone/Sperrgebiet
Taunus-, Elbe-, Moselstraße

In Frankfurt herrscht Ordnung und das auch bei der Prostitution, denn in Frankfurt gibt es eine Sperrgebietsverordnung. Dies ist eine Möglichkeit für die deutschen Kommunen, um innerhalb des Stadtgebietes regeln zu können, wo Prostitution stattfinden darf und wo nicht. Die heute gültige Version der Sperrgebietsverordnung gilt seit 1986. In jenem Jahr wurde die Prostitution aus der Kaiserstraße in die nördlich liegenden Straßen (Elbe, Taunus, Mosel) verbannt.

Die Kaiserstraße wurde Sperrgebiet und sollte so frei werden vom Sexgewerbe. Holprig war der Weg bis dort hin. Einige der Bordellbesitzer machten es der Stadt schwer. Die Grundstücke, die in der Kaiserstraße freigemacht werden sollten, hatten gutlaufende Betriebe, die nur ungern aufgegeben wurden. Alternativen mussten her. Am Bahnhof wurde mit den Grundstücken Monopoly gespielt. Nach über 30 Jahren ist die Kaiserstraße nun weitgehend frei von Prostitution. Aus den Reihen der Prostituiertenorganisationen wurde die neue Sperrgebietsverordnung vehement bekämpft. Die neuen Bordelle galten für viele als eine veränderte Form der Zuhälterei.

Frankfurt ist unterteilt in unterschiedliche solcher Bereiche. Bestimmte Stadtteile sind absolute Sperrzone, in anderen dagegen, in den sogenannten Toleranzzonen, ist Prostitution erlaubt. In Frankfurt sind diese das Bahnhofsviertel, die Breite Gasse und der hintere Teil des Osthafens. Straßenstrich gibt es nur noch an der Theodor-Heuss-Allee und Wohnungsprostitution nur noch in wenigen Stadtteilen. Der Text der Sperrgebietsverordnung ist unter „www.die Ausführung der Stadt Frankfurt zum veränderten Prostitutionsgesetz" im Internet zu finden. Die Stadt Frankfurt erhält für jedes vermietete Zimmer in den Bordellen 15 Euro Steuern am Tag.

27 Männergesang

Die Mainsirenen

Diverse Auftrittsorte

Frankfurts schwuler Chor erwuchs 1987 aus einem Treff junger Männer, die ein gemeinsames Interesse am Singen verband. Was die Männer von Anfang sehr beschäftigte, war nicht nur das gemeinsame Singen, sondern auch die Diskussion um die eigene Orientierung. Stets präsent war das Bewusstsein um HIV und AIDS, welche seit den späteren 1980er Jahren die homosexuelle Welt bedrohten. Mit dem Namen „Mainsirenen" wurde 1988 ein Name gefunden, der ausdrücklich die Nähe der Sangesmänner zu Frankfurt betonte.

Gesungen wurde seither alles, was der große A capella vierstimmig und ohne Notenblatt gesungen hergab. Von klassisch ernst bis witzig, tuntig und gerne gegen den Strich gebürstet. Die Lieder sind meist Eigenkompositionen und eigene Arrangements. Programme und Kostümierungen sind für die Mainsirenen der Weg, den schwulen Alltag zu thematisieren und in die sogenannte Normalität zu führen. Das Publikum jedenfalls ist, unabhängig von jeglicher Orientierung, begeistert. Der Chor hat sich einem grunddemokratischen Prinzip verpflichtet, alle Entscheidungen werden gemeinsam diskutiert.

Dazu gehört auch, dass einer dirigiert und das ist Luzian Lange. Geboren 1960, leitet der Pianist den Chor seit 1988 in seiner Freizeit ebenso wie weitere Kinder- und Kirchenchöre. Er hat es geschafft, seine Männerstimmen sogar zu internationalen Auftritten zu führen. Seine Brötchen verdient sich Luzian Lange im hessischen Schuldienst.

28 Männergeschäfte
Dealerszene
Bahnhofsviertel

Von der Bausubstanz her gesehen ist das Bahnhofsviertel ein ansprechendes Stadtquartier. Doch Rotlichtmilieu, Bandenkriminalität und Drogenszene beeinträchtigen die Aufenthaltsqualität für den Normalbürger seit langem arg. Zudem steht der gerade in Gang gekommenen Gentrifizierung des Stadtteiles seit dem großen Flüchtlingsstrom ab 2015 eine neuen Generation von Dealern im Wege.

Es sind zumeist junge Männer, die ohne rechtlichen Anspruch auf Asyl – was ihnen wohl bewusst ist – im Chaos der ungeordneten Zuwanderung ihr Glück im reichen Deutschland suchen. Sie bemühen sich, möglichst lange hier zu bleiben und zu Geld zu kommen. Aggressiv und unverfroren gehen sie ihren Geschäften nach – in Hauseingängen, Treppenhäusern oder in der Straßenbahn. Wie eine erste Bilanz der im November 2016 gegründeten Besonderen Aufbauorganisation der Polizei für das Bahnhofsviertel nach knapp einem halben Jahr ergab, handelt es sich bei 71,5 Prozent der Tatverdächtigen von Drogendelikten um Zuwanderer. Mehr als jeder Zweite der jungen Männer kommt aus den Maghreb-Staaten. Sie leben nach Polizeiangaben überwiegend nicht in Frankfurt, sondern reisen aus Flüchtlingsunterkünften in Hessen und anderen Bundesländern in das Bahnhofsviertel.

Auf die inzwischen massive Polizeipräsenz und regelmäßige Razzien reagieren die Dealer flexibel: wechseln rasch Verkaufsorte und -tageszeiten, tarnen sich mit Koffern als Touristen. Ihre Kunden – ebenfalls in der Mehrzahl Männer – finden sie in allen Gesellschaftsschichten: vom Banker bis zum Heroinjunkie. Diese versorgen sie überwiegend mit dem günstigen Crack.

29 Männergesellschaft
Freimaurerloge „Zur Einigkeit"
Kaiserstraße 37

Die organisierte Freimaurerei ging aus der Steinmetzbruderschaft und deren Bauhütten hervor. Die „moderne" Freimaurerei entstand 1717 in England. Die Loge „Zur Einigkeit" gründeten Londoner Diplomaten und Frankfurter Bürger im Jahr 1742 anlässlich der Frankfurter Kaiserwahl von Karl VII. Um 1800 hatte sie 120 Mitglieder in Frankfurt, davon zur Hälfte Kaufleute. Aus Tradition ist die Loge bis heute ein Männerklub. Als Zeichen der Verbundenheit und Vertrautheit nennen sie sich untereinander „Brüder". 1905 gab sich die Loge den „Schwesternbund" als Nebengruppe, in der sich die Ehefrauen der Logenbrüder zusammenfinden konnten. Die Nationalsozialisten waren dem Freimaurertum feindlich gesonnen. Sie erzwangen die Auflösung der Logen.

Heute gibt es in Deutschland ungefähr 500 Logen mit über 15.000 Brüdern. Entgegen verbreiteter Vorstellungen sind die Freimaurer kein Geheimbund, keine Verschwörer und betreiben auch keine okkulten Bräuche. Der zentrale Wert für die Freimaurer ist der Humanismus. Sie betonen Brüderlichkeit, Toleranz und soziale Gerechtigkeit. Religion und Herkunft spielen ausdrücklich keine Rolle. Die Brüder treffen sich wöchentlich zum Gespräch und kommen einmal monatlich zu ihrem Ritual mit Ansprache und Brudermahl zusammen. Gemischte Logen sind nicht vorgesehen. Die Brüder bleiben unter sich. Seit 1982 gibt es Logen für Frauen, die ebenfalls unter sich zu bleiben haben.

Das Logenhaus der Loge Zur Einigkeit wurde 1894 von Oskar Sommer erbaut. Es besitzt einen der schönsten Festsäle Frankfurts. Er ist im Stil des Neo-Rokoko eingerichtet und mit Bildern von Joseph Correggio und Matthäus Keuffel ausgestattet.

30 Männergetränk
Whisky for Life
Fahrgasse 6

Hast du dich schon einmal mit einer Whisky-Trinkerin unterhalten? Wohl kaum. Whisky ist das männlichste aller Getränke. Noch weit vor Bier, Umfragen zufolge. Wer Whisky trinkt, hat Stil. Auf Englisch: Er ist ein Gentleman.

Wir fragen bei „Whisky for live" nach, dem Fachgeschäft in der Fahrgasse unweit vom Dom. Hier, in den Räumen einer ehemaligen Galerie, bietet Frank Jerger seit 2014 Whisky-Sorten aus aller Welt an. Sein Lieblingsgetränk machte er zum Geschäft. In seinem ersten Leben war er viel für Banken und Werbeagenturen unterwegs. Jetzt kommt der Kunde zu ihm, zieht erst einmal den Mantel aus, plaudert, genießt. Mehr als 1.000 Marken warten auf ihn.

Eine regelmäßige Einrichtung sind Whisky-Tastings, die Weinprobe für den Mann von Welt. Hier vermittelt Frank Jerger seine Sachkenntnis auch an diejenigen, die bisher Whisky nur vom Discounter oder vom Urlaub auf den britischen Inseln oder in den Südstaaten kannten. Die Anordnung im Laden ist regional ausgerichtet. Dabei lernt man, dass Whisky durchaus keine rein angelsächsische oder schottische Angelegenheit ist.

Um auf die Vorurteile zurückzukommen. Frauen trinken durchaus Whisky. Ihren Anteil schätzt der Experte auf 10 bis 15 Prozent. Wesentlich höher ist der Anteil der Käuferinnen des noblen Getränks. Dieser liegt bei 30 Prozent. Denn die Damen möchten ihrem Liebsten damit gern eine kleine Freude bereiten.

31 Männergewand
Liturgisches Apostolat
Domplatz 10

Der katholische Priester kann nicht einfach in die Herrenabteilung eines Bekleidungsgeschäfts marschieren, um sich ein neues Messgewand zu kaufen. Dafür braucht es Spezialgeschäfte, die mit der liturgischen Farbfolge im Jahresablauf, religiösen Gepflogenheiten, aber auch aktuellen Moden vertraut sind. Ein solches ist mit der „Werkstätte für Paramente und profane Textilkultur" in der Frankfurter Dompfarrei beheimatet. Wie seit Jahrhunderten üblich, sind auch hier Frauen den Männern zu Diensten. Auch hier gegen Geld, denn davon müssen sie leben. Aber sie tun es aus Liebe – aus Liebe zu Gott.

Seit 1992 bieten die Ordensschwestern der internationalen Kongregation vom Göttlichen Meister hier sämtliche Textilien an, die für die Liturgie benötigt werden: Alben – das weiße Untergewand, Kaseln – die farbigen Übergewänder, Stolen oder Talare, aber auch Altar- und Kelchtücher. Bis vor wenigen Jahren schneiderten die Schwestern die Messgewänder nach den Wünschen der Priester vielfach noch selbst. Aber inzwischen sind die Umsätze der drei verbliebenen Schwestern mit liturgischen Kleidungsstücken stark zurückgegangen. Das mag an der ständig schrumpfenden Zahl der Pfarreien oder am wachsenden Angebot für geistlichen Bedarf im Internet liegen – so genau lässt sich das nicht ausmachen.

Aber noch immer offerieren die katholischen Ordensschwestern gegenüber vom Dom nicht nur Altar-, Tauf- und Kommunionkerzen, Krippen, Rosenkränze oder Ikonen, sondern auch Messgewänder. Allerdings bieten sie aus Platzgründen mittlerweile nurmehr priesterliche Konfektionsware zu moderaten Preisen zwischen 300 und knapp 700 Euro an – und diese für jede Konfession.

32 Männerglück
Frankfurter Club kochender Männer, Goethe-Cuchi e. V.

Alt Eschersheim 58

Gar mancher Pantoffelheld ist aufgeschmissen, wenn er in Abwesenheit der Gattin sein Frühstück bereiten muss. Findet er doch schlicht im Kühlschrank die Butter nicht, weil ihm trotz einiger Jahre auf dem Buckel das Butterfach unbekannt ist. Zugegeben, das sind inzwischen doch eher die männlichen Ausnahmen alter Schule. Aber mit den Mühsalen, Tag für Tag ein der ganzen Familie mundendes Mahl auf den Tisch zu bringen, vermögen sich nur die allerwenigsten Männer anzufreunden. Da ist es doch wesentlich reizvoller, regelmäßig in erlauchter Herrenrunde auf den kulinarischen Olymp zu steigen und sich dafür ab und an feiern zu lassen.

Als sich 1960 sieben Frankfurter nach Schweizer Vorbild zusammentaten, um regelmäßig miteinander zu kochen, ging es weniger um die Versorgung hungriger Mäuler als um das Vergnügen am gemeinsamen Kochen und am lukullischen Austausch. Aus diesen Anfängen entstand der Frankfurter Club kochender Männer Goethe-Cuchi e. V. Er ist wie so viele Männervereine ein egalitärer Fluchtpunkt in der hierarchisch strukturieren Businesswelt, die den Alltag der meisten Mitglieder ausmacht. Die Herren streifen für einen Abend die Attribute ihrer (gut-)bürgerlichen Existenz samt Namen ab und begegnen sich zweimal monatlich auf Augenhöhe – unabhängig von Beruf und Einkommen. Auch hier sind Frauen, bis auf ganz wenige Events mit den Partnerinnen, gänzlich unerwünscht.

Goethe-Cuchi ist ein kleiner, erlauchter Kreis von etwas mehr als zwei Dutzend Männern in weißen Kochjacken, die ihren Nachwuchs nach Probekochen und Prüfung der Konversationsfähigkeit auswählen.

CHRISTIAN ROSE
24.5.1852 – 5.7.1914
ELISABETH ROSE
17.3.1864 – 19.6.1926
HANS ROSE
13.2.1888 – 4.5.1945
LUDWIG ROSE
15.3.1887
GEDENKEN

33 Männergrab
Hans Rose

Hauptfriedhof, Gewann II, Nr. 136

Hans Christian Karl Rose wurde am 13. Februar 1888 in Frankfurt am Main geboren. Rose war der Sohn des Kaufmanns Christian Rose. Seine Mutter war Elisabeth Gellert, Tochter von Ludwig Gellert (1827–1913), des Musikers und Chorleiters sowie Ehrendirektors des Frankfurter Liederkranzes. Er studierte ab 1910 in Berlin, Wien und Halle Kunstgeschichte. 1919 edierte Rose das Tagebuch des Paul Fréart de Chanatelou über den Aufenthalt Gianlorenzo Berninis am Hof Ludwigs XIV. 1927 wurde er zum außerordentlichen Professor ernannt. Seine nächste akademische Station war die Universität Jena.

Am 17. November 1937 endete die Tätigkeit Roses an der Universität plötzlich. Rose war wegen Verstoßes gegen den § 175 verhaftet worden. Der Paragraph bestand seit 1872 und stellte homosexuelle Handlungen zwischen Männern unter Strafe. 1935 wurde strafrechtlich aus dem Vergehen ein Verbrechen, eine sexuelle Handlung war nun nicht mehr nötig, allein das Schamgefühl musste verletzt werden. Faktisch war nun schon das „So sein" strafwürdig.

Ein ehemaliger Freund Roses hatte ihn denunziert und belastet. Er wurde am 25. August 1938 durch die Große Strafkammer des Landgerichtes Weimar zu 15 Monaten Zuchthaus verurteilt und seiner Ämter enthoben. Seine Doktorwürde wurde zudem aberkannt. Hans Rose starb am 4. Mai 1945 im Alter von 57 Jahren in seiner Wohnung. Er wurde angeblich von russischen Soldaten erschossen, als er versuchte, eine Hausangestellte vor einer Vergewaltigung zu schützen.

Zu einer symbolischen Anerkennung Roses waren die Verantwortlichen an den Orten seiner akademischen Tätigkeiten bis heute nicht bereit.

34 Männerhalt
Taxihalteplatz Frankfurter Hof
Bethmannstraße 33

Vor dem Frankfurter Hof reihen sich stets knapp zehn Taxen hinter-
einander. Ganz entgegen der Regel steigen die Fahrgäste nicht in
das erste Taxi in der Schlange, sondern in den letzten Wagen ein,
weil es dann nur wenige Schritte vom Hoteleingang sind. Über diese Besonderheit hinaus ist der Platz einer der wenigen in der City
verbliebenen Taxistände. Und er ist bei Fahrern beliebt, denn mancher der meist gut betuchten Hotelgäste lässt sich vielleicht zum
Shopping nach München oder in ein Kurbad kutschieren. Solche
Langstrecken sind bei den Fahrern, die einer Beförderungspflicht
auch für kürzeste Strecken unterliegen, natürlich äußerst begehrt.
Versprechen sie doch eine selten gewordene, gute Tageseinnahme.

Die Taxibranche hat schwer mit der Konkurrenz von günstigen
Mietwagen bzw. Carsharing, Shuttle-Bussen vom Flughafen in die
City, aber auch über Uber vermittelten Hobbyfahrern zu kämpfen.
So ist der einst einträgliche Studentenjob längst eine selbstausbeu-
terische Tätigkeit für die vielen Ein-Mann-Betriebe. Und auch die
angestellten Fahrer können maximal mit dem Mindestlohn rechnen.
Das Metier ist deshalb mittlerweile zu 90 Prozent in der Hand aus-
ländischer, oft türkischer Männer, denen mangels Ausbildung kaum
Alternativen bleiben. Dass ihnen Sprach- und Ortskenntnisse fehlen, wurde nicht selten bemängelt. Auch ihr zuweilen rüdes Auftreten schadete dem Berufsbild.

Rund 1.700 cremeweiße Taxen brausen über Frankfurts Straßen –
wenn sie denn fahren. Denn rund zwei Drittel ihrer Schicht verbringen die Chauffeure mit nervtötendem Warten auf Kundschaft. Der
ausgiebige Plausch mit den Kollegen ist dem einsamen Starren ins
Smartphone weitgehend gewichen.

35 Männerhände

Pornokino hetero

Allerheiligenstraße

Samstagnachmittag, das Fußballspiel ist vorbei, das Bier auf dem Wochenmarkt der Konstablerwache ausgetrunken. Was macht der Mann mit seinen verbliebenen Bedürfnissen nun? Ein Bordell sollte es vielleicht nicht sein. Eher etwas zum Entspannen oder vielleicht auch etwas mehr.

Also, solcherlei erregt geht mancher Mann Richtung Allerheiligenstraße. Hier, zwischen Breiter Gasse und Allerheiligenstraße, liegt Frankfurts zweites, wenn auch kleineres Bordellviertel. Schnell ist der Mann von der Straße in das Geschäft mit den eindeutigen Hinweisen „Kabinen, Peep Show, Cinema" verschwunden. Die Zahl der hier zum Kauf angebotenen Pornovideos übersteigt in Menge und Dargebotenem jede Vorstellung. Allein in Kalifornien werden pro Woche 200 Pornofilme gedreht, nur die US-Pornoindustrie hat einen jährlichen Umsatz von mehreren Milliarden Dollar.

Wie geht es nun in einem solchen Pornokino weiter? Zur Auswahl stehen Kabinen mit verschließbaren Türen, die jedes pornographische Material zeigen. Sie ersetzen seit dem Verbot von sich exhibitionierenden Frauen auf drehenden Scheiben, die sogenannten Peep Shows. Zwei Pornokinos stehen zur Verfügung. Eines auch für Raucher. Zwischen diesen Angeboten kann der Mann hin und her wechseln und seine Spannung steigern. Es könnte auch zu Hause weitergehen, neben den gemütlichen Kinosesseln finden sich aber große Packungen Taschentücher. Hier liegt also manches in der eigenen Hand oder der eines hilfsbereiten Nachbarn. Männerfreundschaften nur für ein paar Minuten, damit die Welt weiter heterosexuell bleibt.

36 Männerhass
Frankfurter Engel

Klaus-Mann-Platz

Dass Frankfurt am Main als erste Stadt in der Bundesrepublik ein Monument zum Gedenken an die Verfolgung Homosexueller zu bieten hat, verdankt sich der Initiative einer kleinen Gruppe schwuler Männer. Sie verfolgten die Idee konsequent, warben um die Unterstützung kommunaler Gremien, beschafften die Mittel und sorgten für einen hochkarätigen Gestaltungswettbewerb.

Diesen entschied die Kölner Künstlerin Rosemarie Trockel (*1952) mit einem „gebrochenen" Engel für sich. Der Engel als geschlechtsloses, unschuldiges Wesen steht für die variantenreichen sexuellen Identitäten Homosexueller und ihre schuldlose Kriminalisierung. Trockel schlug der Abformung eines Engels des Kölner Doms den Kopf ab und fügte ihn leicht versetzt wieder an. Diese Metapher steht nun im Zentrum des in traditioneller Kreuz-Kreis-Form gestalteten Platzes inmitten des schwulen Amüsierviertels nördlich der Zeil.

Seit 1994 erinnert das „Mahnmal Homosexuellenverfolgung" auf dem inzwischen nach dem schwulen Schriftsteller Klaus Mann benannten Platz an die Verfolgung Homosexueller während des „Dritten Reiches". Die Nationalsozialisten hatten 1935 den § 175 verschärft: Nicht nur „beischlafähnliche Handlungen", sondern jegliche Zärtlichkeit unter Männern stand seitdem unter Strafe. Viele Schwule und Lesben landeten zwischen 1933 und 1945 in „Schutzhaft", erduldeten Folter, KZ- und Strafhaft oder Zwangssterilisation. Aber auch in der Bundesrepublik galt der § 175 bis 1969 unverändert weiter. Allein zwischen 1952 und 1962 ergingen jährlich mehr als 3.000 Urteile wegen Homosexualität. Während der NS-Zeit verhängte Strafen vollzog der Nachkriegsstaat bedenkenlos weiter.

37 Männerhaufen
Bierstand auf dem Erzeugermarkt
Konstablerwache

Zweimal in der Woche treffen sich donnerstags und samstags die Freunde des Odenwälder Bio-Biers in der Mitte des Platzes der Frankfurter Konstablerwache. So lange gibt es den Stand noch nicht. Erst 2001 wurde der Bierstand zum festen Ort der Freunde des handwerklich hergestellten Bieres. In moderneren Kreisen hieße dies „Craft Bier" – hier heißt es einfach: Helles oder Dunkels, groß oder klein. Das Ganze auch zum Draufzeigen, für den Schüchternen oder den Sprachfremden, in eingeschweißter Hülle. Um Bernd Klinger aus Wersau im Odenwald hat sich mittlerweile eine eingeschworene Gemeinde von Freunden der Braukunst versammelt.

Er ist der Meister dieses Bieres. Beide seiner Biere haben eine Stammwürze von 11,9 % und einen Alkoholgehalt von etwa 4,9 %. Das Bier wird nicht gefiltert und der Geschmack und die Farbe ändern sich deshalb innerhalb der üblichen Verkaufsperiode eines Bieres von sechs Wochen von Woche zu Woche. Die Rohstoffe neben der Hefe stammen ausschließlich aus Bioland-Anbau. Das Pilsner-Malz wird aus eigener Bioland-Gerste bei Rhönmalz in Mellrichstadt verarbeitet. Dies alles passt natürlich wunderbar zu den Bio-Angeboten des Erzeugermarktes auf der Konstablerwache.

Samstagsmittags ist die Stimmung am Bierstand wie an den umliegenden Wein- und Apfelweinständen besonders intensiv. Der Eintracht-Fan glüht vor dem Spiel vor, der Familienvater vor dem Wochenende auch. Die Punks, denen man ihre bürgerlichen Berufe nicht ansieht, wissen, dass Hopfen auch eine Hanfart ist. Hier ist Bier für alle da und alle sind für Bier da, bis das Bier alle ist. Hell oder dunkel!

BARBIER

**SORRY LADIES
MOVE ALONG**

38 Männerhaupt
Barbershop Torreto
Alte Gasse 38

Schwierig, schwierig, die Positionierung des Mannes im Post-Softie-Zeitalter. Das zarte Geschlecht hat längst fast sämtliche maskulinen Bollwerke gestürmt: trägt das Totenkopf-Tattoo auf der Schulter oder läuft selbstverständlich beim Ironman ins Ziel ein. Was bleibt da noch, um sich seiner Männlichkeit zu vergewissern? Die testosterongesteuerten Jungmachos südlicher Gefilde mag sich der aufgeklärte Mann nicht zum Vorbild nehmen. Den Prolls mit ihren getunten Karren nachzueifern, verbietet sich ebenfalls. Das Gemächt als primäres Geschlechtsmerkmal offen in Szene zu setzen? Ist auch keine alltagstaugliche Idee. Was bleibt? Der Bart!

Und so nimmt es nicht Wunder, dass nicht nur die Bärte ins Kraut schießen, sondern auch allerorten in der Stadt ganz neuartige Barbershops wie die Bartstoppeln sprießen. Legendär ist inzwischen Torreto, wo der Grieche Alex und sein Team mitten im Gay-Viertel Rasierpinsel, Messer und Schere schwingen. Die Geschäftsidee ist genial: Frauen haben dort nichts zu suchen, was den Herren einen der seltenen Freiräume schafft. Die einzukalkulierende, oft nicht gerade knappe Wartezeit verbringt der Mann nun unter seinesgleichen: der Barbershop als geselliger Ort nur für die eine Hälfte der Menschheit. Entspannt lässt sich beobachten, welchen Style die anderen ausprobieren. Und die Angst vor Experimenten wie dem kahlrasierten Hinterkopf verschwindet so ganz von allein. Die Gespräche haben Stammtischniveau - immerhin.

Der Akt selbst wird regelrecht zelebriert: Der Bart fachgerecht gestutzt, die freizuhaltenden Backen mit dem Messer geschabt, die Frisur mit allerlei Wässerchen in Form gebracht. Im Tempel der Männlichkeit genießt der Kunde Zuwendung und Zurichtung.

WESER5
Diakoniezentrum

WESER5
Diakoniezentrum

39 Männerhaus
Weser5
Weserstraße 3 und 5

Hat der Spediteur bei der Zwangsräumung das letzte Bierglas in die Umzugskiste versenkt, wird auch dem härtesten Kerl klar: Jetzt hat das eigenständige, in die bürgerliche Gesellschaft integrierte Leben ein Ende. Für den, der nicht (mehr) auf die Hilfe seines Umfeldes zählen kann, beginnt meist ein fataler Abstieg. Am Ende steht das Leben auf der Straße – ohne Arbeit, Familie, Freunde. Die Schrecken des Alltags als Wohnsitzloser – Kälte, Einsamkeit und gesundheitlicher Verfall – führen rasch dazu, dass der Weg zurück in eine geregelte Existenz aus eigener Kraft unmöglich erscheint. In der Abwärtsspirale gesellen sich Sucht und Depressionen hinzu.

Ein wichtiger Anlaufpunkt für Ausstiegswillige ist Weser5, das im Bahnhofsviertel mehrstufige Hilfen anbietet. Sozialarbeiter suchen den Obdachlosen „auf Platte" – seinem Schlafplatz im Erdloch oder im Hauseingang – und schaffen eine Vertrauensbasis. Wer den Weg in den seit 1997 in der Weißfrauenkirche betriebenen Tagestreff findet, ist schon etwas offener. Hier gibt es günstiges Essen, Waschmaschinen, Duschen, PCs, Ruheplätze und nicht zuletzt einfühlsame Beratung – auch für Frauen.

Die Nutzung der acht Notübernachtungsplätze, in denen Mann maximal zehn Tage bleiben kann, ebnet den Weg zum nächsten Schritt. Eine große Chance ist die Aufnahme in das Übergangswohnhaus für Männer mit 39 Plätzen. Es gilt den Obdachlosen als das „Hilton" unter den Unterkünften, denn nach grundlegendem Umbau hat es 2012 den Heimcharakter abgestreift und bietet Appartements mit eigener Küche und Bad, wo das selbstverantwortliche Wohnen mit allem, was dazu gehört, begleitet von Sozialarbeitern wieder geübt werden kann.

40 Männerheilkunde
Thaiboys oder Ladyboys
Elbestraße

Thaiboys oder Ladyboys, im Puff in der Elbestraße sogar eine gan-ze Etage. Frankfurt ist mit einem der größten deutschen Rotlicht-viertel Ort vieler sexueller Spielarten. Dazu gehört auch, dass hier junge Männer aus Thailand und anderen asiatischen Ländern als Frauen anschaffen. Das heißt, häufig beginnen sie als Frauen ver-kleidete Männer.

Die Verdienste der Prostitution dienen dazu, auch den Körper in eine Frau zu verwandeln. In einem Frankfurter Krankenhaus hat man sich in einer Abteilung darauf spezialisiert, dass der Wunsch, einem anderen Geschlecht auch körperlich zu entsprechen, für ca. 30.000 Euro erfüllt werden kann. War es früher so, dass mit der Ge-schlechtsanpassung auch die sexuelle Empfindung abgeschnitten wurde, so ist heute dank der Fortschritte der Mikrochirurgie ein Er-halt der sensiblen Gewebe möglich. Das neue weibliche Geschlecht enthält auch sexuell erregbare Gewebe.

Warum die transsexuellen Menschen in der Prostitution schon im-mer eine besondere Rolle spielen, ist auch daraus zu erklären, dass sie quasi beide Geschlechtswelten darstellen. Aus eigener Erfah-rung wissen sie, was für Männer spannend ist, erfüllen aber den op-tischen Reiz einer perfekten, ja pornohaften Idealvorstellung einer Frau. So kann Sunny an ihrem 40. Geburtstag sagen: Teile von mir wurden 40! Das Silicon ist halt jüngeren Datums.

41 Männerherrschaft
Feldbergbiker
Großer Feldberg

Zugegeben, wir befinden uns nicht mehr in Frankfurt. Aber man kann von hier aus ganz Frankfurt sehen. Der Feldberg im Taunus. Es kommen hier schon einmal 500 Biker zusammen, an starken Tagen. Auf dem großen Feldberg im Taunus auf 881 m Höhe. Dann gibt's die Einkehr im berühmten Feldberghof, der ganzjährig geöffneten Gaststätte. Zweierlei ist hier traumhaft: das Kuchenbuffet und der Fernblick auf Frankfurt. Und so veranstalten die Biker hier schon mal Clubtreffen, Parties und Konzerte. Und feierten die Biker-Weihnacht am Heiligabend mit einem Andrang, dass die Gesetzeshüter einschritten und sperrten.

Bis 1954 gab es hier den Feldbergring, eine berühmte Rennstrecke von 11,7 km mit 37 Kurven. Die Kurven sind heute noch da und werden von Tourenfahrern genussvoll durchzogen. Die Wurzel des Motorradtreffs liegt in der ersten Formel 1-Rennstrecke der Welt. 1904 startete auf der Saalburg das Gordon-Bennett-Rennen, der erste Grand Prix für Autos und Motorräder auf deutschem Boden. In den 1920er Jahren fand dies seine Fortsetzung mit den Feldbergrennen.

Damit fällt das Stichwort. Motorradrennen. Es geht um den Fahrgenuss mit dem Motorrad auf der Trasse der alten Rennstrecken. Rund um den Großen Feldberg gibt es Touren für alle Schwierigkeiten und Geschwindigkeiten. „Da rasen sie wieder", sagt der Wonnemonat Mai, wenn es das Saisonkennzeichen wieder zulässt. Sportlich zu sehen sind wohl Zusammenstöße von Bikes miteinander oder mit drömmeligen Autofahrern.

42 Männerherz
Zum Bitburger
Hochstraße 54

Hier schlägt das Männerherz höher. Es gibt ihn seit über 50 Jahren, den beliebten Mittags- und Feierabendtreff der Banker und Börsianer. Erster Pächter war ein Gastronom, den alle als „Onkel Max" kannten. Dann beherbergte die Liegenschaft ein Steakhaus, bis eine Wirtin namens „Uschi" die Kneipentradition fortsetzte. Die Bitburger Brauerei beliefert das Lokal seit 1983, als Achim und Siglinde Ott die Gaststätte übernahmen.

Der Laden lief prima. Das Bier ist gut gezapft und kühl, exakt 5,8 Grad bei Ausgabe. Beliebt waren schon immer Gerichte wie Schnitzel mit Bratkartoffeln und Badischer Wurstsalat. Sogar Prominenz von Film, Fußball und Finanzplatz ernährte sich damit. Hauptkunden sind die Anzugträger mit einer Frequenz von gefühlten 99 Prozent, vor allem mittags.

In der bescheidenen Traditionskneipe soll es gelegentlich unbescheiden zugegangen sein. Wenn die Schlipsträger einen Abschluss im Bankgeschäft feierten, soll der Abendumsatz oft genug fünfstellig gewesen sein. Doch in den Jahren ab 2007 kehrte, warum wohl, die neue Bescheidenheit ein, zumindest nach außen hin.

Nach wie vor ist der Bitburger ein Treff der Bankangestellten. Aber diese bevorzugen heute Latte Macchiato anstelle eines gut gezapften Bieres. Kuscheliges und tuscheliges Miteinander im Halbdunkel ist ebenso aus der Mode gekommen. Heute sitzt der Mann draußen, breitbeinig und selbstbewusst, laut auf Englisch etwas in sein am angewinkelten Arm befindliches Mobiltelefon blökend.

43 Männerherzen
Bruderkrankenhaus
Unterer Atzemer 7

Nur noch wenige Männer stellen ihr Leben völlig in den Dienst der Kranken, Armen oder anderer Randgruppen. Da wundert es sehr, dass im Wirtschaftswunder der Hospitalorden vom Heiligen Johannes von Gott in Frankfurt ein Brüderkrankenhaus mit 110 Betten baute, das in der Tradition des Heiligen stand. Dieser hatte 1539 im spanischen Granada ein Hospital eröffnet, das jeden Kranken unabhängig von Vermögen, Herkunft oder Konfession behandelte. Barmherzige Brüder halfen ihm bei der Pflege. Bis heute folgt ihr 1550 gegründeter Orden der selbstlosen, im ökonomisierten Krankenhauswesen provokanten Devise: „Das Herz befehle".

Zusätzlich zu Keuschheit, Armut und Gehorsam legen die Barmherzigen Brüder bis heute auch das Gelübde zur Hospitalität ab. So prägten christliche Nächstenliebe und der partnerschaftliche Umgang mit den Patienten die Atmosphäre im Frankfurter Bruderkrankenhaus. Jeder in Not konnte zu ihnen kommen. Dort erhielten ganz selbstverständlich auch Obdachlose, Drogenabhängige oder AIDS-Kranke ohne Krankenversicherung medizinische Hilfe.

Die Fratres, Ende der 1960er Jahre waren es noch knapp 40, bewohnten eine Etage des komfortablen Krankenhauses mit spektakulärer Dachterrasse. Doch junge Männer entschieden sich immer seltener für das Ordensleben. Von den zuletzt rund 120 Mitarbeitern gehörten 1995 nur noch vier dem Orden an. Doch der Nachwuchsmangel bei den Fratres war nicht der Grund für das Aus. Als eines der ersten Opfer der Gesundheitsreform in Frankfurt musste das voll ausgelastete Brüderkrankenhaus 2000 schließen. Im gentrifizierten Ostend sind auf dem citynahen Areal unter dem Namen „Brothers" nun 78 exklusive Wohnungen entstanden.

44 Männerhort
Eine Filmkomödie
Riedberg

Frankfurt ist der Schauplatz der Filmkomödie „Männerhort". Worum geht es? Im der zentralen Heizanlage ihrer Wohnsiedlung aus Reihenhäusern und Wohnblocks suchen drei beziehungsgeplagte Männer einen Rückzugsort vor ihren Frauen. Sie leiden unter der Feminisierung der Welt und möchten einen Teil ihrer männlichen Normalität zurückgewinnen. Und nicht mehr Packesel der Retourenpakete sein. Folglich geben sie sich in ihrem frauenfreien Raum dem Biertrinken, Chipsessen, Fußballsehen und ähnlichen männlichen Leidenschaften hin. Als Zufluchtsort funktioniert der Heizungskeller der Siedlung so lange, bis ein sich Facility Manager nennender Hausmeister die befremdliche Gemeinschaft entdeckt.

Mit voller Absicht sollte in Gestalt von Franziska Meyer Price eine Frau Regie führen. Nach Ansicht des Produzenten habe sie einen anderen, nämlich weiblichen Blick auf die Nöte und Sorgen der Männerwelt. Die Frauen zeichnete die Regisseurin als eindimensionale konsumgeile Tussies.

Drehort war das Vorstadtidyll des nördlichen Stadtbezirks Riedberg in Frankfurt. Damit diese extravagante Location adäquat in Szene gesetzt werden konnte, unterstützte die Filmförderung das Filmprojekt mit einer Million Euro. Weitere Drehorte waren der Campus Riedberg und das MyZeil in der Innenstadt. Letzteres, genannt „Happy Center", diente als Tempel weiblicher Schmuck- und Glitzerwelt.

45 Männerhose

Der Stall, Frankfurts älteste Lederkneipe

Stiftstraße 22

Erst geht es einmal die Treppe hinauf. Wenig ist zu sehen, eine lange Theke, ein dunkler Raum, Spielautomaten, diverse Fernseher und eine Toilette. Im Hintergrund läuft Musik. Das ist schnell beschrieben und mit wenigen Worten das karge Interieur von Frankfurts ältester Lederkneipe für Männer.

Die Inneneinrichtung dient ganz der erotischen und sexuellen Erbauung des Besuchers. Das Machohafte stand in der schwulen Szene schon immer hoch im Kurs. Allerdings sind die Spielarten der Männlichkeitsbilder sehr verschieden. Leder, Jeans, Muskeln, um nur einige Stichworte zu nennen. Und nicht jeder Typ passt zu den sexuellen Wünschen des nächsten. Seit über 30 Jahren geht es hier um dasselbe. Passt der Kerl für's Bett oder auch mal im Stehen und an anderen Orten, wo etwas geht?

Der Stall stemmt sich mit seinen Angeboten nach wie vor gegen den Trend des Internets. Geht es dort heute eher um die schnelle Partnersuche, dann wird hier natürlich auch miteinander geredet! So hat sich diese spezielle Kneipe gegen das Szenesterben erfolgreich behauptet.

46 Männerhumor

Die Ordensburg der „Schlaraffia Francofurta"

Der alte Oberräder Bahnhof

Seit 1970 kommt im alten Bahnhof in Oberrad eine verschworene Gesellschaft zu merkwürdig anmutenden Ritualen in ritterlich-mittelalterlicher Atmosphäre zusammen: die Frankfurter Sektion der Schlaraffen, eines 1859 in Prag gegründeten, weltweit vertretenen Männerclubs. Es handelt sich aber keineswegs um einen Geheimbund, sondern um Anhänger tiefgründigen Humors sowie Liebhaber von Kunst und Kultur. Mit ihren kuriosen Bräuchen, die höfische Ränkespiele und abstruses Adelsgehabe parodieren, tauchen sie in eine andere, vom Alltag bewusst durch Sprache und Kleidung völlig abgewandte Welt ein.

Aufnahme finden nur Männer, die neben der Empfehlung eines „Paten" der Zustimmung von 80 Prozent der Mitglieder eines „Reyches" – mehr als 260 dieser Ortsgruppen bestehen mit mehr als 12.000 Mitgliedern weltweit – bedürfen. Als „Pilger" entwickeln sie sich sodann vom „Knappen" über den „Junker" schließlich zum „Ritter". Durch die „Rolandsnadel", eine im linken Revers getragene weiße Perle, erkennen sich die Ritter im normalen Leben.

Den Frankfurter Uhu-Clan mit rund 50 Mitgliedern leitet der ehemalige ZDF-Wetterfrosch Uwe Wesp, alias „Taifun", seit mehr als vier Jahrzehnten ein Schlaraffe – ein „sorgloser Genießer". Der Club trifft sich im Winterhalbjahr wöchentlich. Mit der Verbeugung vor dem Uhu, dem schlaraffischen Symbol für Weisheit und Humor, beginnt jede „Sippung", die neben dem offiziellen Teil eine „Schmus- und Atzungspause" und „Fechsungen" – Vorträge oder Darbietungen umfasst. Frauen, Politik oder Religion sind dabei tabu.

47 Männerkleid
Transnormal –
die Welt von Manuela Mock
Baseler Platz 8

Wann ist ein Mann ein Mann? Fragte einst der Sänger Herbert Grönemeyer. Diese Frage fällt einigen Männern schwer. Denn ihr Traum ist es, manchmal eine Frau zu sein. Dafür gibt es in Frankfurt, wenn es nur um die Hülle, also das Äußere geht, Manuela Mock mit ihrem kleinen Geschäft am Baseler Platz. Manuela hat die Verwandlung von Männern zu Frauen in einem Etablissement gelernt, das legendär in Europa war, dem „Elch" in der Mainzer Landstraße, der großen kleinen Bühne der Travestie.

Manuela lernte hier alle Tricks der Verwandlung kennen. Mit der Verkleidung ändert sich nicht nur das Äußere, sondern auch Gang, Stimme und das Gehabe. In ihr Geschäft kommen heute seriöse Herren jeden Alters, um für ein paar Stunden, vielleicht nur in den vier Wänden des Ladens eine Frau zu sein. Oder aber Kunden, die für einen Abend in großer Garderobe ausgehen möchten. Oder Herren, die den Damen des Rotlichtgewerbes Konkurrenz machen wollen. Von bieder bis schrill, von elegant bis glamourös, jeder Mann wird so zu jeder gewünschten Frau.

Die Motive sind die unterschiedlichsten. Im Laden wird auf- und abgegangen, vielleicht fotografiert und dann nach zwei Stunden wieder abgeschminkt. Oder es steht ein Spaziergang durch die Stadt an, um sich in der Öffentlichkeit als Frau zu zeigen und das Gefühl der Begehrtheit bei Männern zu testen.

Ganz nebenbei ist das Transnormal seit Jahren auch der Treffpunkt von Bühnenkünstlern, die in Frankfurt auftreten oder nur mal vorbeischauen wollen.

48 Männerknast
JVA Frankfurt I
Obere Kreuzäckerstraße 6

Die Frankfurter kennen die Fahrzeuge mit der Aufschrift „Justiz". Mit diesen Fahrzeugen werden straffällig gewordene Menschen zwischen Gerichten und Gefängnissen transportiert. Der Untersuchungsgefangene sitzt gefesselt in einer Kabine eines Polizeitransporters und wird zum Beispiel in die JVA Frankfurt am Main I nach Preungesheim gebracht.

Auf dem Weg zur JVA I passiert das Fahrzeug den größten Frauenknast Deutschlands und direkt dahinter die Schleuse der U-Haftanstalt. Was passiert nun, wenn ein männlicher Gefangener nach Anordnung der Untersuchungshaft durch einen Haftrichter in der JVA I in Preungesheim ankommt?

Schon an der Straße wird jedem klar: Hier beginnt eine besondere Welt. Durch eine mehrfach gesicherte Schleuse in der 15 Meter hohen Mauer gelangt der Gefangentransport in den Innenbereich. Die Anstalt wird von fast 400 Video-Kameras bis in den letzten Winkel überwacht. Der Freistundenhof ist mit einem Netz überspannt, um Befreiungsversuche aus der Luft zu unterbinden. Der neue Häftling wird von mehreren Justizvollzugsbeamten in Empfang genommen. Ihm werden Fragen zur Person gestellt und Fotos gemacht. Eine anwesende Krankenschwester erfragt den Gesundheitszustand. Weiter geht es in eine Kammer, wo sich der neue Gefangene entkleiden muss und die neue Anstaltskleidung bekommt. Später wird er von einem Arzt untersucht, vermessen und gewogen. Danach geht es in eine Zelle von ca. 11 qm Größe, deren Tür von außen verschlossen wird. Die Untersuchungshaft beginnt. Die rund 600 Untersuchungsgefangenen werden u. a. des Drogenhandels, des Mordes, des Terrorismus und des Völkermordes beschuldigt.

49 Männerkörper

Muscle Beach

Mayfarthstraße

Der Muscle Beach Los Angeles ist seit den 1930er Jahren das Mekka der kalifornischen Anabol-Boliden. Und jetzt Muscle Beach Frankfurt? Den gibt es seit 2014 – und zwar am Sportteil des Hafenparks zwischen EZB und Osthafen. Genau heißt das: Kenguru Pro Calisthenics Park Frankfurt. Die Jungs hier sind aber nicht nur muskulös, sondern sie scheinen die Gesetze der Schwerkraft zu ignorieren. Das eigene Körpergewicht gilt es zu stemmen. Entscheidend ist hier aber nicht allein der Aufbau der Muskeln. Sondern es geht um alle Wirkungen von Sport auf den Körper, in Form von Entspannung, Dehnung, Beweglichkeit und absoluter Körperkontrolle. Das Ganze funktioniert am besten mit Training in einem sozialen Beziehungsgeflecht. Was wiederum auch den Kopf trainiert.

Calisthenics heißt so etwas heute. Junge Männer, die in Bornheim im Winter in einer Halle trainieren, kommen, sobald sich die Sonne einigermaßen in den Muckis reflektiert, an den Main. Wer meint, es ginge hier nur um bloße Schaustellung, der sollte das Training beobachten. Und dabei auf die Bezeichnungen der Figuren hören, die an horizontaler und vertikaler Stange in verschiedenen Höhen präsentiert werden.

Diese Formen des „Street-Workout" finden immer mehr Anhänger. Die Männer bevorzugen das gemeinsame Sporterlebnis gegenüber der Gebundenheit in einem Verein oder Fitnessstudio.

50 Männerkunst
Richard Scheibe
Dürerstraße 10

Der 1879 in Dresden geborene Bildhauer schuf seine erste Groß-
plastik in Frankfurt für das Denkmal eines nackten Arbeiters zur
Erinnerung an die Gefallenen der Farbwerke Hoechst (1923). 1926
entwarf er binnen sieben Tagen das Friedrich-Ebert-Denkmal an
der Frankfurter Paulskirche, ebenfalls ein unbekleideter Mann. Es
wurde 1933 entfernt und befindet sich heute im Historischen Museum Frankfurt. Von 1925 bis 1933 leitete Scheibe die Frankfurter
Städelschule. 1933 wurde er wegen des Ebert-Denkmals entlassen,
aber nach wenigen Monaten wieder eingestellt. Im Folgejahr wech-
selte er an die Hochschule für Bildende Künste in Berlin.

Seit den 1920er Jahren war sein Arbeitsschwerpunkt die nackte
männliche Gestalt. Auch Frauendarstellungen („Die befreite Saar",
1936) wirkten bei ihm männlich. In seinem diskret gehaltenen Pri-
vatleben vermied er es, eine feste Bindung einzugehen. Der NS-
Staat erwies ihm hohe Ehren. 1937 wurde er gemeinsam mit Arno
Breker, Josef Thorak und Albert Speer Mitglied der Preußischen
Akademie der Künste. 1944 nahm ihn Hitler sogar in die „Gottbe-
gnadeten-Liste" auf. Zeitgenössischen Kritikern zufolge machten
Bildhauer wie Scheibe, Klimsch und Kolbe „keinen Hehl aus ihrem
Wohlgefallen an den Prachtmädels und Prachtburschen, bei denen
die Trieb- und Begattungsgrundlagen offenkundig intakt sind".
(F. A. Kauffmann, 1941).

1950 schuf Richard Scheibe ein zweites Ebert-Denkmal für Frankfurt, das heute an der Paulskirche steht. Stets hoch angesehen,
entwarf er für den Bendlerblock in Berlin ein „Ehrenmal für die Opfer des 20. Juli 1944", das 1953 enthüllt wurde. 1954 erhielt er die
Goetheplakette der Stadt Frankfurt.

51 Männerleid
Festhalle
Ludwig-Erhard-Anlage 1

„Aussteigen, marsch, marsch!", schallte es den aus einem Omnibus steigenden Männern vor der Festhalle barsch entgegen. In der Nacht vom 9. auf den 10. November 1938 hatten auch in Frankfurt die Synagogen gebrannt. Vor allem SA und Hitlerjungen hatten beim reichsweiten Pogrom Geschäfte und Wohnungen von Juden sowie jüdische Institutionen geplündert und kurz und klein geschlagen. Die Organisation lag bei SA, SS, Gestapo und Polizei.

Ab dem Abend des 10. November fanden sich rund 3.000 jüdische Männer nach Massenverhaftungen in der Festhalle wieder. Dort machten sich die Bewacher einen Spaß daraus, die Wehrlosen durch sinnloses und exzessives „Exerzieren" zu quälen: Die Gedemütigten mussten wie Würmer mit auf dem Rücken verschränkten Armen im Staub auf dem Boden robben, rasch hin und her laufen, aufstehen, um sich sogleich wieder zu Boden zu werfen. Verbale Erniedrigungen, brutale Prügel und der Raub von Wertgegenständen gehörten ebenfalls zum Repertoire der Nazi-Verbrecher. In ihrem Zynismus zwangen sie den Frankfurter Opernstar Hans Erl, die Arie „In diesen heil'gen Hallen kennt man die Rache nicht" aus Mozarts Zauberflöte zu singen.

Von der Festhalle wurden unterschiedlich große Gruppen der Männer bis zum 14. November in Bussen zum Südbahnhof verfrachtet, wo sie nach einem prügelnden Defilee der Frankfurterinnen und Frankfurter die Züge in die Konzentrationslager Buchenwald und Dachau besteigen mussten. In Buchenwald, wo selbst im Gegensatz zu anderen Konzentrationslagern katastrophale Bedingungen herrschten, starben viele von ihnen. Die meisten der 1938 Verschleppten kamen zwar frei, mussten sich aber zur sofortigen Ausreise verpflichten.

52 Männerliebe
Kriseninterventionsstelle für Stricher (KISS)
Wielandstraße 10-12

Die männliche Prostitution gehört zum ältesten Gewerbe der Welt, und zwar von Anfang an. In den römischen Bordellen, den Lupanaren, boten sich Männer wie Frauen für den käuflichen Sex an. Was vor 2.000 Jahren in das Sexgeschäft integriert war, ist heute eine Tätigkeit am Rande der Gesellschaft.

In Frankfurt leben, so Schätzungen, etwa 600 bis 800 Männer, die dieser sexuellen Dienstleistung nachgehen. Anders als in den Bordellen des Bahnhofsviertels sind allerdings die Umsätze ganz andere. Ein Stricher nimmt etwa 300 bis 500 Euro im Monat ein. Die Zimmermieten in den Bordellen am Bahnhof liegen dagegen im Monat allein bei ca. 4.500 Euro – und dann haben die Prostituierten noch nichts verdient.

Die jungen Männer stammen in der Regel aus Südosteuropa oder neuerdings aus den afrikanischen Flüchtlingsgebieten. Die in den großen Städten vorhandenen Netzwerke ermöglichen mit Tafeln und Kleiderkammern ein Leben am Rande der Gesellschaft, auch bei diesem sehr kärglichen Einkommen. Ein Ort, wo die sexuellen Dienstleister Unterstützung erfahren, ist die Kriseninterventionsstelle für Stricher (KISS) der AIDS-Hilfe in der Wielandstraße 10-12. Sozialarbeiter beraten zu übertragbaren Krankheiten, helfen aber auch bei vielen anderen Problemen. Das schnell verdiente Geld steht im Widerspruch zur erlernten heterosexuellen Rolle, was nicht selten zu Aggressionen, Gewalt und Selbstentwertung führt.

AGAPLESION
MARKUS KRANKENHAUS

Haupteingang
main entrance

53 Männermorde
Penisvergrößerung
Wilhelm-Epstein-Straße 4

Was ist besser als ein großer Bizeps? Ein noch größerer! Die Branche, die körperoptimierende Angebote vorhält, ist längst bei den Männern angekommen. Auch wenn jahrelang wenig darüber zu hören war, dass sich Männer genau wie Frauen an ihren Körpern verändern lassen.

Botox und Hyaluron sind längst bei 60-Jährigen angekommen, die aussehen wollen, als seien sie 40 Jahre alt. Eine Operation zur Vergrößerung der Brust wird zwar immer noch belächelt, ist aber längst Alltag geworden. Was ist aber mit des Mannes angeblich bestem Teil? Auch hier geht was! Eine spezielle Form der Ästhetischen Medizin hat sich die Penisvergrößerung zur Aufgabe gemacht! Wie das funktioniert? Die altväterliche Methode der Vakuumpumpen geht zu Ende. Erfolge müssen her. Der Weg dorthin führt über Messer und Spritze. Schmerzverzerrte Gesichter sind also die erste Reaktion - aber wer Erfolg haben möchte, muss erst einmal leiden.

Eine Methode ist das Unterspritzen des Penisgewebes mit Hyaluron, welches sich mit dem körpereignen Gewebe verbindet und für ca. eineinhalb Jahre bleibt. Der Penis ist dabei vom Schambein zu lösen, um ihn um einige Zentimeter, um die es schließlich geht, weiter vorne wieder zu befestigen. Für den sexuellen Erfolg ist aber, wie wir wissen, nicht nur die Größe verantwortlich, sondern auch Technik und Ausdauer. Oder wie Mae West einmal sagte: „Es sind nicht die Männer in einem Leben, die zählen, sondern das Leben in den Männern, das zählt."

54 Männermut
10-Meter-Sprungturm
Stadionbad

„Soll ich, oder soll ich nicht?" Diese bange Frage stellen sich vor allem jene jungen Männer, die mit großspurigen Sprüchen einen 10-Meter-Turm im Schwimmbad erklommen haben und erstmals oben stehen. Einerseits möchten sie die unten gespannt und vielleicht sogar leicht schadenfroh auf den Sprung Wartenden nicht enttäuschen. Andererseits sieht die Welt von der hohen Plattform völlig anders aus. Alle wissen: Das Wasser ist hart. Ungeübte Saltos oder Schrauben mit ungewissem Ausgang können sehr schmerzhaft sein. Trotzdem können viele junge Männer der Versuchung, ihre Freunde oder Freundinnen mit der Ankündigung vom 10-Meter-Brett zu springen, kaum widerstehen. Es ist bis heute eine typisch männliche Mutprobe, den Sprung in die Tiefe anzukündigen. Und der Rückzug über die Treppe ist an Peinlichkeit wohl kaum zu überbieten.

In Frankfurt am Main gibt es seit der Schließung des Stadtbads Mitte 1992 nur noch einen 10-Meter-Sprungturm: im Stadionbad. Hier im 1925 mit der Arbeiter-Olympiade eröffneten Stadion tragen bis heute wagemutige Turmspringer ihre Wettkämpfe aus. Sowohl die Hessischen wie die Südwestdeutschen Turmspringmeisterschaften werden seit Jahren im Frankfurter Stadionbad veranstaltet; wobei hier auch weibliche Wettkämpfer antreten. Anders, als die forschen jungen Kerle, die ihre Verehrerinnen beeindrucken möchten, haben die Wettkampfspringer strengen Reglements zu folgen, die kein Zögern tolerieren und ausschließlich sportlichen Kriterien dienen.

Wie dem auch sei: Das Stadionbad ist bei vielen jungen Machos der Ort, sich zu beweisen. Glücklich diejenigen, die schmerzfrei in das Wasser ein- und stolz daraus wieder auftauchen.

55 Männerorden
Kath. Hochschule St. Georgen

Offenbacher Landstraße 224

Die Gesellschaft Jesu, allgemein als Jesuiten bekannt, hat im Lauf der Aufklärung diverse Verfolgungen und Verbote erleben müssen. Daher wurde das philosophisch-theologische Zentrum der Jesuiten oftmals verlagert. Es lag seit 1814 in Fribourg in der Schweiz, 1856 in Paderborn, 1872 in Ditton Hall in Großbritannien, 1895 in Valkenburg – und erst 1926 konnte in der Diaspora von Frankfurt-Sachsenhausen die Hochschule St. Georgen errichtet werden.

Der Name der Hochschule geht zurück auf Georg von Saint George, dem früheren Eigentümer des Anwesens. Dieser hatte sich durch den Frankfurter Stadtgärtner Sebastian Rinz (1782–1861) hier den Park um seine Villa anlegen lassen.

St. Georgen ist eine anerkannte wissenschaftliche Hochschule mit Promotions- und Habilitationsrecht, und zwar ausschließlich in Theologie. Sie betreibt Forschung und Lehre im Gesamtbereich der theologischen Wissenschaft. Träger sind die deutsche Provinz der Jesuiten und das Bistum Limburg. Bestandteil der Hochschule ist ein katholisches Priesterseminar. 1985 studierte hier ein gewisser Jorge Bergoglio, heute besser unter dem Namen Papst Franziskus I bekannt. Im Wintersemester 2015/2016 gab es in St. Georgen 388 Studierende, wobei in Lehre und Studium die Damen unterrepräsentiert sind. Von den 16 Lehrstühlen ist nur einer weiblich besetzt und ein weiterer wird von einer Dame vertreten (2017).

56 Männerpflicht
Chewra Kadischa und Verein für jegliche Wohltätigkeit
Eckenheimer Landstraße 238

Der Umgang mit dem Tod ist immer schwierig. Da hilft es, sich nicht nur auf klare Regeln beziehen, sondern auch auf kundige Unterstützung zählen zu können. Das Judentum hat zur Entlastung der Angehörigen die Institution der Chewra Kadischa, der heiligen Beerdigungsbruderschaft, geschaffen, die auch in Frankfurt auf eine jahrhundertelange Tradition zurückblicken kann. Nach der Shoa begründeten zehn Männer 1953 den heutigen Frankfurter Verein. Als von der Gemeinde unabhängige Institution erfüllt er eine der höchsten religiösen Pflichten (Mizwa): die Sorge um den Sterbenden, den Leichnam und die Beisetzung nach den rituellen Vorschriften der Halacha.

Eine der zentralen Aufgaben der Chewra Kadischa bestand früher darin, während des Sterbeprozesses sowie in den ersten sieben Tagen nach dem Tod (Schiwa) im Trauerhaus reguläre Gottesdienste abzuhalten, damit das Glaubensbekenntnis bzw. das Kaddischgebet gesprochen werden kann. Dafür wird wie in der Synagoge ein Minjan, bestehend aus zehn Männern, benötigt. Wie im orthodoxen Gottesdienst versieht auch die Chewra Kadischa ihren Dienst streng nach Geschlecht getrennt.

Die derzeit rund 30 Frankfurter Mitglieder sind allesamt ehrenamtlich tätig. Im Tahararaum auf dem Neuen Jüdischen Friedhof wäscht die Chewra Kadischa unter Gebeten den Leichnam vorschriftsgemäß, hüllt ihn in die Totengewänder, Männer zudem in ihren Tallit (Gebetsschal), und legt ihn in einen einfachen, für alle gleichen Holzsarg. Auch das letzte Geleit zum Beerdigungsplatz sowie das Spendensammeln für Bedürftige gehören zu ihren Aufgaben.

57 Männerplatz
Trucker

Autobahn A 5, Raststätte Taunusblick

Harte Jungs mit Holzfällerhemd und Lederjacke. Kris Kristoffer-
son lässt grüßen. Trucker. In der gängigen Vorstellung grimmige
beängstigende Typen, schließt man vom Truck auf den Fahrer. In
Wirklichkeit arme Teufel. Ein Knochenjob, gegängelt von Fahr-
tenschreibern, Ruhezeiten, Kostendruck und Billigkonkurrenz aus
Osteuropa. Vorschriften überall. Innerhalb von 24 Stunden sind
zwei Pausen zu 45 Minuten und eine längere Pause von 9 Stunden
zwingend vorgeschrieben und werden kontrolliert. Samstagnachmittags wirds eng: Fahrverbot an Sonn- und Feiertagen von 0 bis
22 Uhr. PKW-Fahrer nehmen die Trucks nur als Hindernisse wahr.
Täglich sind deren 1,3 Millionen unterwegs. Einsamkeit der Autobahn. Die Gedanken bei der Familie. Das Ohr am Radio, sind sie gut
informiert, hören die Verkehrsnachrichten.

Also raus auf den Parkplatz. Wenn der Trucker einen findet, und
damit muss er schon eine Stunde vor Lenkzeitende anfangen. Es
herrscht ein akuter Mangel an LKW-Stellplätzen. Autobahnpark-
plätze und Autohöfe sind oft schon nachmittags überfüllt. Die Lösung ist das Ausweichen auf einen Stellplatz in irgendeinem Gewer-
begebiet, ohne Waschgelegenheit und Toilette.

Aber die Lösung naht. Raststätte Taunusblick an der Westseite der
A 5. 150.000 Fahrzeuge fahren hier täglich von Norden kommend
vorbei. Davon mögen 2.500 bis 3.000 anhalten. Der Parkplatz hat
ausnahmsweise einen truckfreundlichen Erweiterungsbereich nach
Westen. Die Männer schlafen in zwei Betten übereinander. Essen
und Bier haben sie dabei. Die Preise in den Gaststätten sind nicht
ihre Liga.

58 Männerprobleme
Informationszentrum für Männerfragen

Sandweg 49

Für das Frankfurter Männerzentrum, gegründet 1994, steht die Vaterschaft im Fokus der Tätigkeit. Bedingt durch die Vaterschaft spielen naturgemäß Beziehungskrisen, Trennungsfragen, das Sorgerecht, Erziehung und juristischer Umgang mit Kindern die wichtigsten Rollen. Ein weiterer Komplex beschäftigt sich mit dem Thema der Vereinbarkeit des mühsamen Vaterseins mit Beruf und Partnerschaft.

Neben individueller Beratung werden auch Paare im Männerzentrum beraten. Ziel ist es, die Bindung der Partner zu konservieren und den Paaren auch nach längerem Zusammenleben eine lustvolle Partnerschaft zu ermöglichen. Rollenveränderungen sind ein Phänomen unserer Zeit, wobei die Frau in Richtung Gleichberechtigung drängt. Nicht jedem Mann ist das recht. Die Lösung von Krisen wird dabei in Gesprächen gesucht, wobei sich wöchentliche Paargespräche als erfolgreich herausgestellt haben.

Das Informationszentrum hilft Vätern, für schwierige und störrische Kinder Verständnis aufzubringen und mit deren Defiziten verständnisvoll umzugehen. Es rät den Vätern, derartige Probleme etwa in Vater-Kind-Wochenenden abzuarbeiten.

Und Gewalt ist ein Thema, geht sie doch traditionell von Männern aus. Sie sind Opfer von Gewalt oder sie sind gewalttätig. Auch solche Männer bekommen hier Unterstützung angeboten.

59 Männerrechte
Väteraufbruch für Kinder

Eschersheimer Landstraße 23

Sich nach der Scheidung verkrümeln? Das kommt für immer mehr Väter nicht in Frage. Anteil daran hat auch der Verein Väteraufbruch (!) für Kinder, zu dessen zentralen Anliegen das Aufbrechen (!) der traditionellen Elternrollen gehört. Er ging als Ortsverband Frankfurt am Main des bundesweit aktiven gleichnamigen Vereins 1995 aus einer Gruppe getrennt von den Familien lebender Männer hervor. Diese hatten sich seit 1989 regelmäßig zum Erfahrungsaustausch über die Verhinderung des Umgangs mit ihren Kindern durch deren Mütter getroffen. Sie wollten nicht nur Unterhalt zahlen, sondern sich aktiv an der Erziehung beteiligen – auch nach der Trennung von der Ex-Partnerin. Dies war damals noch längst nicht selbstverständlich: Bei Scheidungen ging das Sorgerecht in 90 Prozent der Fälle an die Mütter. Das Besuchsrecht der Männer konnten sie mit fadenscheinigen Argumenten leicht torpedieren. Väter nicht-ehelicher Kinder besaßen überhaupt keinen Anspruch auf den Kontakt mit ihren Kindern.

Was mit einem Väterstammtisch begann, entwickelte sich rasch zu einer politischen Initiative, um die Rechte von Vätern zu stärken. Unter dem Motto „Kinder haben das Recht auf beide Elternteile", setzte sich der Verein erfolgreich für eine grundlegende Reform des Kindschaftsrechtes und die Gleichbehandlung ehelicher und nicht-ehelicher Kinder ein. Er engagiert sich für ein nettolohnbezogenes Erziehungsgeld, verbesserte Teilzeitmöglichkeiten auch für Männer, kostenlose Betreuungsangebote oder arbeitnehmerfreundliche Kita-Öffnungszeiten.

Der Verein versteht sich als Anlaufpunkt für alle Väter: verheiratete, alleinerziehende, schwule, geschiedene, Groß- oder Teilzeitväter.

60 Männerrefugium
Hobbywerkstatt
In Kellern und Garagen

In der Wohnung bestimmt meist die Ehefrau, wo es langgeht. Im Job muss sich der Mann dem Boss oder schlimmer noch der Chefin unterordnen. Die Baumärkte sind längst von Damen überschwemmt, die selbst zur Bohrmaschine oder zu Farbe und Pinsel greifen. Da sehnen sich nicht wenige, zugegeben meist Männer der älteren Generation, nach einem Ort, an dem sie sich frei entfalten und allein bestimmen können. Wo die Schreibtischtäter etwas Greifbares produzieren und zugleich der Lust an der neuesten Technik frönen können.

Die Hobbywerkstatt ist so ein gut gehüteter Rückzugsraum. Hier können die Männer nach Herzenslust tüfteln und schrauben. So entstehen individuelle Sonnenschirmständer oder Puppenstuben für die Enkel. Ganze Motorräder werden zerlegt, eingeölt und wieder zusammengebaut – gerne am Ende wirklich jeder Saison. Mancher konstruiert Modellflugzeuge und Schiffe. Andere restaurieren alte Autos oder Möbel so originalgetreu wie möglich. Nicht selten lässt sich die Anschaffung neuer Werkzeuge durch den Hinweis auf die ersparten Reparaturkosten für den defekten Toaster oder geleimte Stühle gegenüber der Familie legitimieren.

Aber in Wirklichkeit geht es den meisten Männern vor allem darum, sich dem Gezeter der Gattin und dem Geplärre der (Enkel-) Kinder zu entziehen. Je professioneller die Ergebnisse des jeweiligen Hobbys sind, desto eher akzeptiert die Familie den Rückzug. So entwickeln nicht wenige Männer einen ausgesprochenen Hang zu spleenigen und recht zeitaufwändigen Tätigkeiten, denen sie selbstverständlich nur in der Abgeschiedenheit ihrer Werkstatt so richtig nachgehen können – ungestörtes Alleinsein garantiert.

61 Männerreich
Gaststätte Moseleck

Moselstraße 21

Es gibt sie noch, die klassische Druckbetankung! Bier bis nichts, aber auch gar nichts mehr geht. Wenn die Welt also mal ersoffen werden soll oder man einfach mal richtig versumpfen will, bietet Frankfurt unter anderem das „Moseleck", Moselstraße Ecke Münchner Straße. Das Mietshaus wurde 1894 nach dem Entwurf von C. O. Schalter mit Neu-Renaissancefassaden gebaut.

Seit über 110 Jahren gibt es hier das gepflegte Bier. Der Inhaber des Lokals stemmt sich erfolgreich gegen alle angesagten gentrifizierenden Trends im Bahnhofsviertel. Das Moseleck ist eine Oase für den Trinkwilligen, der nichts mit der Frankfurter Jeunesse dorée zu tun haben will. Dem der „Latte macchiato" aus veganer Sojamilch mit karamellisierten Quinoa-Keimen einfach Latte ist.

Der Wirt und ehemalige Boxer Harald „Harry" Statt hat das Moseleck 1995 übernommen. Damals bestimmte die Drogenszene die Münchner Straße. Statt hat daraus ein Lokal gemacht, das eine der letzten traditionellen Frankfurter Eckkneipen ist. Hier ist das Bier nie alle! Die Tische sind, wenn die Welt zu wanken beginnt, praktischerweise am Boden festgeschraubt. Das Lokal hat zwischen vier und sechs Uhr morgens geschlossen. In dieser Zeit wird dort ausgekärchert. Das Moseleck ist der Treffpunkt vieler aus dem Viertel, Prostituierte und Bänker nach Feierabend, Publikum zwischen Harz IV und Cartier-Uhr. Ach ja, manchmal gehen auch Frauen ins Moseleck.

62 Männerrolle
Schwule Väter
Alte Gasse 36

Der Wunsch, Kinder zu haben und aufwachsen zu sehen, ist für viele Menschen eine Herzensangelegenheit. Wenn dieser Wunsch nicht zwischen einem Mann und einer Frau erfüllt werden kann, sieht unsere Gesellschaft zur Lösung dieses Problems unterschiedliche Möglichkeiten vor. Etwa die Annahme eines Pflegekindes für einen bestimmten Zeitraum. Auf Dauer hin angelegt ist eine reguläre Adoption.

Der Gesetzgeber sieht beides vor, prüft aber verständlicherweise sehr genau die Voraussetzungen dafür. Die Jugendämter sind bei den Kriterien der Zuteilung von Kindern sehr streng und weitgehend unabhängig von der sexuellen Orientierung der zukünftigen Eltern. Problematisch ist neben den rechtlichen und behördlichen Strukturen vor allem das soziale Umfeld. Hier begegnet den Wuncheltern häufig eine Wand aus Unverständnis.

Einen Ort zu schaffen, in dem über alle Aspekte eines solchen Lebenswunsches gesprochen werden kann, haben die „Schwulen Väter" Frankfurts im Switch Board der Frankfurter AIDS-Hilfe in der Alten Gasse 36 unternommen. Gründer des Kreises ist Wilfried Wember, der mit Holger Heckmann und seinen Freunden Gesprächsgruppen anbietet, in denen all diese Themen erörtert werden können. Es sind Männer, die in ihrer Ehe festgestellt haben, dass sie homosexuell sind, aber ihre Kinder auf keinen Fall aufgeben wollen. Und es finden sich Männerpaare ein, die Beratung durch die rechtlichen Instanzen brauchen oder aber ihren Kindern Hilfestellung geben wollen, wie sie mit dem Dasein von zwei Vätern umgehen können. Gerade für Kinder in Kindergarten und Schule ist diese Situation alles andere als normal.

63 Männersaal
Getrennt beten
Westendsynagoge

Tragischerweise wird ausgerechnet in der Westendsynagoge seit Wiederbegründung der Jüdischen Gemeinde der Hauptgottesdienst im orthodoxen Ritus gehalten. Wegen der dort geforderten strikten Geschlechtertrennung bleibt der Innenraum im Hauptsaal heute den Männern vorbehalten, während die Frauen auf der Empore dem Geschehen nur als Beobachterinnen beiwohnen dürfen. Das war bis zur Auslöschung der Israelitischen Gemeinde durch die Nationalsozialisten anders. Die 1910 eingeweihte Westendsynagoge entstand eigens als Gebetraum für einen reformierten Gottesdienst. Die 1.600 Sitzplätze beider Geschlechter befanden sich damals auf gleicher Ebene, wenn auch die rechte Seiten für die Männer, die linke für die Frauen bestimmt war.

Bei den Orthodoxen müssen bis heute mindestens zehn Männer zusammenkommen, um überhaupt einen vollwertigen Gottesdienst abhalten zu können – Frauen zählen dabei nicht. Auch eine Rabbinerin, eine Kantorin oder eine Vorbeterin wären für sie undenkbar. Sämtliche Akteure sind männlich. Die Gläubigen setzen beim Betreten der Synagoge die Kippa auf den Kopf. Manche Männer legen sich den Gebetsschal, den Tallith, um die Schultern. Nachdem der Rabbiner die Thora-Rolle aus ihrem Schrein geholt und an den Gläubigen vorbeigetragen hat, legt er sie auf dem Lesepult, der Bima, nieder. Daraus dürfen dann nur die Männer vorlesen.

Erst seit 2007 kommen in der Westendsynagoge in der ehemaligen Tagessynagoge auch etwa 40 Gläubige des seit 1994 bestehenden liberalen Egalitären Minjan zusammen. Er knüpft an die liberale Tradition des Ortes an. Frauen und Männer nehmen hier gleichberechtigt am Gottesdienst teil. Eine Rabbinerin zelebriert ihn.

64 Männersache
Alter Schlachthof
Alter Markt

Frankfurts historisches Metzgerviertel lässt sich leicht beschreiben. Vor dem Dom gelegen, südlich der Gasse „Alter Markt". Im Westen an das Hospital zum Heiligen Geist angrenzend und im Osten an das Leinwandhaus und das Fischerviertel. Etwa in der Mitte des Gebietes befanden sich als Endpunkte einer Achse zwei bedeutende Gebäude: im Norden am Markt das „Rote Haus" und im Süden am Main der Schlachthof. Das Gelände fiel um etliche Meter vom Markt zum Main ab, was für die Abwässer der Metzger gut war; die Därme für die Würste mussten schließlich gespült werden. Dazu schrieb 1838 der Frankfurt-Besucher Victor Hugo: „Ein roter Bach…fließt und rauscht inmitten der Straße".

Das Alte Schlachthaus am Main entstand wohl zu Beginn des 14. Jahrhunderts, vielleicht auf dem ehemaligen königlichen Gelände des Saalhofs. Der imposante zweistöckige Bau mit seinem hohen Giebeldach, vor dem Frankfurter Dom gelegen, war ein markanter Ort am Main. Zwischen Schlachthof und Rotem Haus befanden sich etwa 150 Metzgerstände, die sogenannten Schirnen.

Das „Rote Haus" an der Nordseite des Metzgerquartiers hatte mehrere Besonderheiten. Der bereits 1322 erwähnte Bau stand auf seiner Westseite auf drei massiven Eichensäulen. Auf diese Weise entstand hier eine Halle, die für mehrere Metzgerstände genutzt wurde. Zugleich diente sie als Gelenk, das die Gasse Alter Markt mit den von hier nach Süden führenden Gassen Lange Schirn und Tuchgaden verband. Das Gebäude hatte seinen Namen nach dem ochsenblutroten Anstrich. Im Zuge der Dom-Römer-Bebauung wurde das in seiner Bauweise herausragende Gebäude neu errichtet und ist wieder das Haus eines Frankfurter Metzgers.

65 Männersammlung
Franziskustreff

Liebfrauenkirche

Die sieben Mönche des Frankfurter Kapuzinerordens an der Lieb-frauenkirche leben in Armut, Gehorsam und Keuschheit. Egoismus ist ihre Sache nicht. Stattdessen kümmern sie sich um Ratsuchen-de, aber vor allem um Obdachlose, in der überwiegenden Mehrzahl gestrandete, vom Schicksal gezeichnete Männer. Der Franziskus-treff, benannt nach dem Heiligen Franz von Assisi, bietet ihnen täg-lich eine sichere Anlaufstelle, ein Frühstück, die Gelegenheit zur Begegnung und zum Waschen sowie Beratung.

Gegründet hat den Franziskustreff 1992 Bruder Wendelin (1939–2010), der fand, ein Butterbrot an der Klosterpforte sei zu wenig, um die Hilfsbedürftigen wirklich zu unterstützen. Mit einem Start-kapital von 1.500 D-Mark der Pfarrei begann er seine Arbeit, die sich bald deutschlandweit auf viele Spender stützte. „Wenn Gott uns die Armen schickt, dann sorgt er auch für sie", lautete sein Credo. Eigentlich der Mission zugewandt, fand er seine endgültige Bestimmung in der Obdachlosenarbeit.

Mit der Zeit kamen jährlich rund 230.000 Euro an Spenden zusam-men, die es dem Konvent ermöglichen, Tag für Tag 160 Bedürftige zu speisen. Die gut 30 Plätze an den Tischen sind begehrt. Drei Vollzeitler und 25 Ehrenamtliche verschiedener Nationen – längst nicht nur Christen – unterstützen die Arbeit der Mönche regelmä-ßig.

Nach dem Tod Bruder Wendelins sorgte die Deutsche Kapuziner-provinz, die bis dato die Spendengelder verwaltet hatte, 2013 mit der Gründung einer mildtätigen und gemeinnützigen Stiftung für eine langfristige Perspektive der Arbeit des Franziskustreffs.

66 Männersatire
Neue Frankfurter Schule
Caricatura-Museum

Frauen haben keinen Humor, heißt es – auch wenn sich das so pauschal nicht sagen lässt: Es ist doch recht auffällig, dass die meisten erfolgreichen Humoristen Männer sind. Auch den Kern der Neuen Frankfurter Schule (NFS) bilden ausschließlich Herren, die über Jahrzehnte den bundesrepublikanischen Humor prägten.

Alles begann bei Pardon, die ab 1962 zwanzig Jahre in Frankfurt erschien und mit Auflagen von über 300.000 Exemplaren zeitweise das erfolgreichste Satireblatt Europas war. Als die Unstimmigkeiten im Redaktionsteam zu groß wurden, gründeten einige der Pardon-Satiriker 1979 die noch heute erfolgreiche Zeitschrift Titanic. Zu den Gründern gehörten F. W. Bernstein (*1938), Bernd Eilert (*1939), Robert Gernhardt (1937 – 2006), Eckard Henscheid (*1941), Peter Knorr (*1939), Clodwig Poth (1930 – 2004), F. K. Waechter (1937 – 2005) und Hans Traxler (*1929).

Die Titanic (Auflage 100.000 Exemplare) schenkte dem Publikum vor allem die lange gepflegte Persiflage auf Bundeskanzler Kohl als „Birne". Kostprobe: „Euch wird dereinst eine weiße Birne vom Himmel fallen. Kommt sie unten an als Matsch, war die Weissagung ein Quatsch. Sieht man von Matsch dagegen wenig, wird die Birne Euer König." Im Gegensatz zu anderen Parodierten, prozessierte Kohl nie gegen die Titanic.

Den 1981 kreierten Wahlspruch der NFS „Die schärftsten Kritiker der Elche, waren früher selber welche!" hat sich auch das 2008 eröffnete Museum Caricatura zu eigen gemacht. Es gilt mit seiner Dauerausstellung als ständige Vertretung der NFS, gewürdigt von einer Traxler-Elch-Skulptur vor dem Museum.

67 Männerscham
Das Nitribitt-Appartement
Stiftstraße 36

Professionelle Erwägungen standen für die 23-Jährige Rosemarie Nitribitt bei der Auswahl ihrer neuen Wohnung im Vordergrund. Zentral gelegen sollte die Wohnung sein, das war die Stiftstraße 36. Modern sollte es sein, und das bedeutete unter anderem einen Aufzug für die etwas älteren Herren. Schließlich lag die Wohnung im vierten Stock des Hauses. 75 qm kosteten 150 D-Mark. Umgerechnet in die Währung der Nitribitt: 1,5 Kunden.

Ein entscheidendes Detail für die Wahl der Wohnung war die Gegensprechanlage. Die Kunden kamen oft unangemeldet. Daher diente das Telefon zur Haustür dazu, elegant darauf hinzuweisen, dass es gerade nicht passte. Die Kunden, die das Passwort nicht von ihr genannt bekamen, wurden ebenfalls nicht hereingelassen, weder durch die Tür noch sonstwo.

Wenn die Planung aus dem Ruder lief, konnte es allerdings sein, dass mehrere Herren im Treppenhaus standen und sich in Erwartung des Kommen/den angeregt unterhielten. Die Nachbarn waren darüber nicht erfreut. Auch die Betriebsgeräusche der Besucher waren nicht für alle zarten Ohren geeignet. Die Einrichtung der Wohnung: gehoben teuer, eher bieder, nicht aufregend, die Herren sollten sich zu Hause fühlen. Gelsenkirchener Barock und nicht Design. Im Wohnzimmer stand auf teurem Teppich die Musiktruhe Dubarry der Firma Ilse! Das aufregende Detail der Anlage war ein Tonbandgerät der Fa. Grundig, dessen Bandaufnahmen aus den Asservaten der Polizei nach der Ermordung der Nitribitt verschwanden. Offensichtlich hatte jemand dafür gesorgt, dass die Stimme des Gesprächspartners der Nitribitt nicht erkannt werden sollte.

68 Männerschrott
Schrotthandel von Gries
Flinschstraße 39

Schon in aller Frühe fahren Transporter mit den Aufschriften von Schlossereien oder Installateuren auf das von einer hohen, mit Stacheldraht bewehrten Mauer umgebene Grundstück. Sie sind mit rostigen Zäunen oder Alu-Fensterrahmen beladen. Gleich hinter den Toren kommen sie auf einer großen Autowaage zum Stehen, wo das Gewicht des beladenen und später des leeren Fahrzeugs ermittelt wird. Dann dirigiert sie ein Mitarbeiter der Altmetallhandlung zu einem der vielen ordentlich aufgereihten Container, in denen die Metallteile sortenrein verschwinden.

Seit 1939 ist die Altmetallhandlung von Gries Anlaufpunkt für diejenigen, die Schrott zu Geld machen wollen. Was für viele Betriebe zum Alltagsgeschäft der Baustellensäuberung gehört, ist für die meist ausländischen Altmetallsammler klägliche Existenzsicherung. Auf ihren Fahrradanhängern, Kinder- oder Handwagen türmt sich, was der Sperrmüll hergab: abgetrennte und möglichst „geschälte" Kabel, Edelstahlspülen, Tür- oder Fensterbeschläge, Fahrräder und sonstiger Schrott. Geübt laden sie alles auf Schubkarren um – streng sortiert nach den diversen Metallen, denn für reine Kupferkabel gibt es deutlich mehr Geld als für Eisen oder Mischschrott. Dazwischen mischen sich Familienväter, die beim Hausbau angefallene Metallteile abgeben.

Schubkarre für Schubkarre wiegt einer der Mitarbeiter die Fuhren auf einer kleinen Bodenwaage und erfasst detailliert die ermittelten Werte. Im Verwaltungsgebäude warten die Männer vor der wie ein Bankschalter gesicherten Kasse auf die Auszahlung. Hier begegnen sie der einzigen Frau auf dem Gelände: Sie rechnet die Werte nach Tagestarif aus und überprüft die Personalien.

69 Männerschuhe
The 1st Shoe Shine Salon
Mörfelder Landstraße 163

Ein echter Gentleman ist an den gepflegten Schuhen zu erkennen – heißt es oft. Obwohl in Frankfurt jede Menge Banker und andere ungerechtfertigterweise äußerst gut verdienende Männer herumlaufen, tragen viele doch recht miserabel gepflegte Schuhe. Es ist ja bekannt, dass die Herren sich im Haushalt nur ungern mit Feudel und Scheuerlappen zu schaffen machen. Und offensichtlich erstreckt sich diese Unlust auch auf das eigene Schuhwerk.

Da ist es von Vorteil, dass es Thomas Ganick gibt, der sich professionell um staubige, verbeulte und unansehnliche Schuhe kümmert, für die ihre Besitzer oft tief in die Tasche gegriffen haben. Er hat das in Deutschland nach dem Zweiten Weltkrieg aus dem Geschäftsleben fast völlig verschwundene Gewerbe des Schuhputzers wiederbelebt. Seit mehr als einem Jahrzehnt wichst er Paar um Paar. Nachdem die Geschäfte in seiner Heimatstadt Berlin, wo ein eher abgerissener Look gepflegt wird, schlecht liefen, hat er in der Bankenmetropole Frankfurt sein Glück gefunden.

Dank Großkanzleien, Banken, Börse und Konsorten gibt es hier viele zahlungskräftige Kunden. Seine edlen Putzstühle stellt er im Messeturm, in Büros, Geschäften oder bei Messen und Events auf. Wem es zu dekadent erscheint, auf den Schuhputzer bei der Arbeit herabzublicken, kann die Schuhe zu ihm schicken. Ganick holt seine „Patienten" aber auch ab und bringt sie in bestem Zustand zurück. Wie von Zauberhand verschwinden Wasser- und Schneeränder. Rund sieben Minuten braucht er für eine Standardbehandlung. Überwiegend Männer gönnen sich mit einem Anteil von 80 Prozent diesen kleinen Luxus.

70 Männerschweiß
Fitnessstudio Top Form
Henschelstraße 26

Es gibt Männerorte, die wehren sich ohne jede Anstrengung gegen Veränderung, auch wenn es dort um Krafttraining geht. Das Topform Sport-Studio ist so ein Fall. Im Topform wird geschwitzt und gestunken, laut gestöhnt, als ob Tarzan durch den Raum fliegt oder ein Porno gedreht wird. Jeder auch noch so hippe Trend in der Fitnessbranche wird hier mit einem wenig kraftverzehrenden Heben der Augenbrauen kommentiert. Die Kraft geht in die Eisen. Hier gibt es keine computergesteuerten Geräte; es geht um das eins zu eins zwischen Muskeln und Eisen. Und immer wieder der prüfende Blick in die vielen Spiegel, ob auch heute die Muckis an der richtigen Stelle oder gar wesentlich gewachsen sind.

Das Publikum: der türkische Anabol-Bolide und Türsteher neben dem Pfarrersrentner, Wirtschaftern aus Frankfurts Rotlichtmilieu oder dem Studio-Ältesten mit 86 Jahren, der mit Sohn und Enkel hier trainiert. Hinzu kommen emeritierte Naturwissenschaftler, Lehrer oder Kinderpsychiater, die jeden Zehnkämpfer das Fürchten lehren. Älter gewordene Jungs, die Stahlschweißer und Rolladenbauer sind, und Gewichte stemmen als seien sie 25 Jahre alt. Fleischgewordene schwule Pornoträume, die den Heteros, die hier trainieren, Auskünfte über Sex geben. Hier lebt jeder sein Ding, ohne Aufregung und modischen Schnickschnack. Multikulti ohne Dogma!

Und über alldem schwebt der Studiobetreiber mit seiner modellhaften Eleganz und lässt die Jungs machen. Man weiß viel übereinander, es wird auch mal nur „geschwätzt" (Männer können, ohne Rücksicht zu nehmen, mindestens so gut lästern wie Frauen) und nach der Sauna ein Bierchen getrunken.

71 Männerseele
Institut für Sexualwissenschaft
Theodor-Stern-Kai 7

Im April 1949 machte sich der Frankfurter Mediziner Hans Giese auf den Weg, Staat, Kirche und Medizin die Deutungshoheit über die Sexualität zu entreißen. Hierfür gründete Giese in der Hansaallee im Frankfurter Westend ein Institut, das die verschiedenen Formen und Gegebenheiten der Sexualität neu untersuchen sollte. Giese befand sich damit in der Folge eines solchen Institutes der Vorkriegsjahre, das Magnus Hirschfeld in Berlin gegründet hatte.

Giese musste bald nach der Gründung nach Kronberg umziehen. Die Nachbarschaft hatte sich beschwert. Das Institut wurde 1950 ein Teil der Frankfurter Universitätsklinik. 1959 ging Giese mit seinem Institut nach Hamburg, blieb aber weiter gutachterlich in Frankfurt tätig. So begutachtete er unter anderem den als Mörder von Rosemarie Nitribitt angeklagten und später freigesprochenen Heinz Pohlmann.

1973 baute der Psychiater und Sexualwissenschaftler Volkmar Sigusch das Institut für Sexualwissenschaft (IfS) als Institut der Frankfurter Universitätsklinik neu auf. Die Einrichtung entwickelte sich bald zu einem Ort der Forschung und Behandlung rund um alle Themen der Sexualität. Prominentes Mitglied des Forschungsteams war neben Sigusch der Sexualwissenschaftler und Autor Martin Dannecker. 2006 beschloss der Fachbereichsrat des Fachbereichs Medizin der Universität Frankfurt, das Institut nicht mehr als eigene Einrichtung fortzuführen. Damit endete eine eigenständige und von der Medizin unabhängige, auf die menschliche Sexualität gerichtete Betrachtung in Frankfurt.

72 Männerspiele
Wettbüro Tipico
Merianplatz 1

Die Männer, die hier ihr Glück suchen, sehen sich als Experten. Als Experten in der großen weiten Welt des Fußballs zumeist. Aber bei Tipico können sie auch auf Ergebnisse etwa beim Tennis wetten. Sie geben ihre Tipps für so exotische Begegnungen wie Sudan gegen Südsudan oder das Damenfußballspiel Island gegen die Schweiz ab. Richtig rund geht es im Wettbüro bei Champions-League-Spielen, Welt- oder Europameisterschaften. Auf unzähligen Großmonitoren laufen aktuell ausgetragene Begegnungen rund um den Globus, auf anderen sind die Spielergebnisse zu sehen.

Der Mindesteinsatz liegt bei zwei Euro, der Höchsteinsatz bei 500 Euro. Wer seine Spiele geschickt auswählt, die Ergebnisse richtig vorhersieht und die Chancen gut kombiniert, kann ordentlich Kasse machen. Und darauf hoffen die Männer, die meist als Stammkunden viele Stunden im Wettbüro verbringen – manche täglich. Gemeinsam schauen sie die Spiele an, fachsimpeln, sind unter sich. An Terminals können sie ihre Wetten direkt ins System einspeisen. Viele nutzen aber lieber den roten Wettschein, der auf jedem der Sechsecktische ausliegt, und den sie an der Kasse vom Personal erfassen lassen. Am Eingang hängen Kopien der bisherigen Höchstgewinne: Mit zwei Euro Einsatz erspielte sich ein Gewinner 21.110,85 Euro.

Es ist ein Geschäft mit Schmuddelimage: das Wettbüro. Ihm haftet der Geruch manipulierter Spiele, der Spielsucht und der Spielhölle an. Aber es ist auch ein riesiger Markt. Der Sportwettenanbieter Tipico, immerhin deutscher Marktführer mit mehr als 1.000 Franchise-Wettbüros, bemüht sich um Seriosität. Mit einer dunklen Spielhölle hat der helle, ordentliche Raum nichts zu tun. Natürlich gibt es auch nur Softdrinks, damit die Spieler nicht benebelt wetten.

73 Männerspielzeug
Frankfurter Feldbahnmuseum
Am Römerhof 15f

Wer heute das Frankfurter Feldbahnmuseum besucht, kann kaum glauben, dass die Vereinsmitglieder erst 1975 mit dem Aufbau ihrer Sammlung begannen und das Museum am heutigen Standort erst 1987 eröffneten. Auf dem mit unglaublichem ehrenamtlichem Engagement ausgebauten Areal sind nicht weniger als 18 Dampflokomotiven, 34 mit Diesel, vier mit Benzin bzw. Benzol und drei mit Strom betriebene Loks zu bestaunen. Daneben nennen die Feldbahnliebhaber Sonderfahrzeuge wie Schienenfahrräder, Schienenkulis und natürlich unzählige Loren sowie Personenwagen ihr Eigen. Auf einer 2,5 Kilometer langen Strecke lassen sich die vielfach betriebsbereit restaurierten Feldbahnen im Fahrbetrieb hautnah erleben. Eine Dauerausstellung macht mit der Geschichte der inzwischen fast überall verdrängten Feldbahnen vertraut. In ihrem Archiv verwahren die Männer alles, was sie darüber ergattern konnten.

Keimzelle dieses Lebenswerkes war die Begeisterung von einigen Jungs, die sich 1975 als „Frankfurter Schmalspurfreunde" zusammentaten, um für 3.000 Mark eine Lok zu erwerben und diese originalgetreu zu restaurieren. Die damals entwickelte Ernsthaftigkeit und Kompetenz in der Bewahrung einer längst Geschichte gewordenen Technologie hat die ab 1980 als Dampfbahn Rhein-Main e.V. firmierenden Männer nie mehr verlassen. Schon früh arbeiteten sie systematisch auf die Einrichtung eines Museums hin.

Im In- und Ausland erwarben sie wohlüberlegt Loks und Waggons, mit denen sie die gesamte Bandbreite des Feldbahneinsatzes anschaulich darstellen können. Am Rebstock haben die rund 20 Aktiven ein würdiges Technikdenkmal geschaffen, das in Deutschland seinesgleichen sucht.

74 Männerstein
Der Phallus im Kloster
Münzgasse 9

Der Kreuzgang des Karmeliterklosters war einst ein Ort des besinnlichen Betens und des Studiums. Heute nimmt sein Westflügel das Lapidarium des Archäologischen Museums auf. Zu den dort präsentierten Exponaten zählt ein kleines Steinrelief, das einen geflügelten, auf Tierbeinen stehenden, mächtigen Phallus zeigt, vor dem eine Frau mit ausgestreckten Armen kniet. Ein weiterer, kleinerer Phallus reckt sich zwischen den Beinen der hybriden Figur. Die Tafel wurde in Heddernheim gefunden, wo sich in römischer Zeit das Kastell und die Zivilsiedlung Nida erstreckten.

Das „teutsche Pompeji", wie die Siedlung aufgrund der aufsehenerregenden Funde zu Beginn des 19. Jahrhunderts genannt wurde, ist die größte archäologische Fundstätte Hessens. Sie wurde allerdings in den 1920er und 1960er Jahren fast vollständig überbaut. Die Wohnungsnot nach den beiden Weltkriegen konnte und wollte keine Rücksicht auf die antike Substanz nehmen.

Wie ist das seltene Artefakt zu interpretieren? Phalli dienten in römischer Zeit, sei es als Bronzeamulett, auf Putz geritzt oder in Stein gehauen, als Unheil abwehrendes Symbol. Die Darstellung der in hingebungsvoller Erwartung abgebildeten Frau bietet jedoch eine andere Interpretation an: Hier sollte auf ein Lupanar, ein Bordell, aufmerksam gemacht werden. Das „Firmenschild" wies auf eine Dienstleistung von Frauen wie jungen Männern hin, die in der Garnisonsstadt – wie dann später bei den Stadtbürgern – gerne und für billiges Geld in Anspruch genommen wurde. Das galt für die im kampanischen Pompeji bekannten Einrichtungen genauso wie für jene in den provinzellen Gemeinden am Limes.

75 Männerstrich
Die Arbeitermeile
Sonnemannstraße

Der Arbeiterstrich Frankfurts, die Sonnemannstraße im Ostend, ist seit Jahrzehnten eine feste Frankfurter Institution. Unmittelbar vor dem eindrucksvollen Sitz der Europäischen Zentralbank stehen hier schon frühmorgens zwischen 6 und 7 Uhr vorwiegend jüngere Männer bis um die 40 Jahre aus Polen, Tschechien, Bulgarien, Rumänien und anderen Ländern Osteuropas. Sie stellen sich sortiert nach Ländern auf. Ganz selten ist ein Deutscher darunter. Zu Hause warten oft Frau und Kinder. Die zweite EU-Osterweiterung hat einen spürbaren Anstieg an Arbeitssuchenden auf diesem prekären Stellenmarkt hervorgebracht.

Die Männer erledigen Arbeiten aller Art. Ihr Stundensatz beträgt etwa fünf bis sieben Euro. Ungern lassen sie sich aufs Handeln ein, denn das gefährdet ihren Tageslohn. Kommt der Arbeiter dabei auf 50 Euro, dann hat er einen guten Tag gehabt. Leider ist fast jeder auch schon einmal um seinen Tageslohn betrogen worden.

Die Arbeitgeber fahren im Kleinbus oder PKW vor, nennen die Zahl der benötigten Männer, den Preis und manchmal auch die Art der Arbeit. Diese Auftraggeber sind überwiegend kroatische, türkische oder deutsche Kleinunternehmer. Es ist recht offensichtlich, dass es sich hier um unversteuerte Schwarzarbeit handelt. Das weiß und sieht die Polizei und ebenso die Finanzkontrolle. Die Nummernschilder anhaltender Arbeitgeber sind für sie zumindest ein Anhaltspunkt. Am Bau kann Schwarzarbeit zwar kontrolliert werden, kaum aber bei Gartenarbeit, Küchenhilfe, Renovierung und Umzügen. Der Arbeiterstrich ist ein Raum mit schwacher rechtlicher Präsenz.

76 Männertreu
Öffentliche Toilette – Klappe
Opernplatz

„Aber meine Herren, nur kein Neid", sang einst Zarah Leander. Der schnelle Sex an schrägen Orten, auf den „Klappen", wie im Jargon die öffentlichen Toiletten genannt werden, ist nicht nur der Ort der schnellen Erleichterung für schwule Männer, die sich mit Absicht hierher verirrt haben. Hierher „verirrt" sich auch der heterosexuelle Mann, der mal schauen und kommen will. Die Männerwelt ist nicht mehr so schlicht, wie sie vielleicht einmal war. Facebook allein bietet 60 verschiedene sexuelle Identitäten zur Auswahl. Zwischen heterosexuell und homosexuell hat sich ein ganzer Regenbogen verschiedener sexueller Lüste und des Begehrens entwickelt. Für Frauen gehen diese Orte gar nicht, ja rufen Ekel hervor. Für Männer ist der Ort scheinbar geruchslos. Übrigens, in den Bordellen Frankfurts riecht es auch nicht nur gut!

Solche Orte befinden sich mehr oder weniger diskret über ganz Frankfurt verteilt. Immer aber spielt die Angst mit, dass Frankfurts Ordnungshüter das Treiben unterbinden wollen. Der Vorwurf an die Erwischten ist die „Erregung öffentlichen Ärgernisses", auch dann, wenn die Türen zu sind. Es sind auch diese Orte, an denen die sogenannte Liberalität der Stadt an ihre Grenzen stößt. Sie belegt diese „Vergehen" mit einem Ordnungsgeld. Der Vorwurf lautet, dass hier gewerblicher Sex angeboten würde, was, so weiß man, eher nicht stimmt. Anders als an den Orten des kommerziellen Sexes im Bahnhofsviertel, an denen die Kommune für jedes vermietete Zimmer in den Bordellen pro Tag mitverdient, ist hier fast alles kostenlos und ungeordnet!

77 Männertrotz
Frankfurter Gesellschaft
Siesmayerstraße 12

Durch die Initiative von Oberbürgermeister Georg Voigt und Kaufmann Karl Kotzenberg entstand 1919 die Frankfurter Gesellschaft für Handel, Industrie und Wissenschaft. Sie verstand sich als bürgerlich-aufgeklärt und tolerant. Per Satzung kamen nur Männer als Mitglieder in Frage. 1935 wurden 103 jüdische Mitglieder ausgeschlossen, was man 1988 für nichtig erklärte.

Eine erste Ausnahme vom Männergebot war das Amt des Oberbürgermeisters. Nach einigem Gezerre wurde Petra Roth 1995 aufgenommen. Was sie zu dem Spruch veranlasste: „Ich bin das einzige Mitglied ohne Glied." 2001 stimmten zwei Drittel der Mitglieder gegen die Frauen. Auch eine Abstimmung im Oktober 2012 scheiterte an der nötigen Mehrheit. Diese wurde im November 2015 nach einem turbulenten Abend mit 184 zu 46 Stimmen erreicht.

Aber: Die Abstimmung war nicht geheim. Viele Männer trauten sich nicht, mit „Nein" zu stimmen. Dies sagte Knut Günther, ein traditionell orientiertes Mitglied, und ging vor Gericht. Der kultivierte, geistreiche und humorvolle Kunsthändler sprach aus, was andere nur dachten. Nämlich, dass Frauen die Gesprächskultur des Clubs zerstörten. Günther reichte eine 13-seitige Klageschrift ein. Derweil wurde vorsichtshalber von der Aufnahme von Frauen abgesehen. Nach einem Jahr wies das Frankfurter Landgericht die Klage ab. Seitdem steht die Frankfurter Gesellschaft nicht mehr im Fokus der BILD-Zeitung. Doch Ansätze von Frauenskepsis sind verblieben: 2017 wurde Frauke Petry als Rednerin wieder ausgeladen.

78 Männertreff
Wasserhäuschen
Cassellastraβe

Das Wasserhäuschen ist der architektonische Antipode des Wolkenkratzers. Oft handelt es sich um niedrige Pavillons, meist freistehend, aber auch in Häuserzeilen eingebunden. Ihr Hauptzweck ist der Verkauf von alkoholischen und nicht-alkoholischen Getränken, zusätzlich gibt es immer auch Tabak und Zigaretten, Süßigkeiten, Zeitungen, Eis, Fahrscheine, Lottoscheine und Snacks. Männer stehen dort herum, einzeln und in Gruppen, und trinken Bier.

Die Trinkhalle als solche wird in Frankfurt seit 1871 erwähnt, in Zusammenhang mit den Mineralwasserfabrikanten Gierlings, Grote und Engelhard. 1898 gab es 28 „Wasserbuden" in Frankfurt. In jenem Jahr wurde in Frankfurt die Mineralwasserflasche eingeführt. Eine Glaskugel, der Klicker, verschloss die mit einer Gummidichtung versehene Flasche. Zu Beginn des 20. Jahrhunderts blühte das Trinkhallenwesen auf, betrieben überwiegend von den Firmen Gebrüder Krome und Jöst. Der Ausdruck „Wasserhäuschen" stammt eben aus dieser Zeit, als sie noch überwiegend Wasser verkauften. Um das Jahr 2000 herum hatten in Frankfurt über 300 Trinkhallen eine Konzession.

Das Image des Wasserhäuschens ist zwiespältig. Einerseits ist es ein intimer Marktplatz für den schnellen Einkauf und Ort männlicher Kommunikation, andererseits ist es ein schmuddeliger Störfaktor im glitzernden Stadtbild mit krakeelender Stammkundschaft. Der Hauptfeind der Trinkhallen ist aber die Gesetzgebung mit ihrer exzessiven Erweiterung der Ladenschlusszeiten seit 2006. Dies rief wiederum eine Gegenbewegung hervor, die die Trinkhalle als Kulturgut fördert.

79 Männerüberschuss
Skater im Hafenpark
Honsellstraße

Heutzutage und schon gar nicht in Frankfurt sind Stadtplaner weltfremde Idealisten. Sondern Menschen mit Augenmaß für die Gesellschaft. Wozu auch die Community der jugendlichen Skater gehört, viele Jungs, kaum Mädchen, ein Männerort demnach. Neben der EZB hat die Stadt im Jahr 2012 den schönen Skater- und Bikerpark „Concrete Jungle" fertiggestellt mit Ramps, Curbs, Rails und Pipes. Der Skaterbereich kostete 1,8 Millionen Euro.

Die Pest für die Skater sind Rollerkinder, die eine Skateanlage mit einem Spielplatz verwechseln. Vor allem am Wochenende, wenn es keine außerfamiliäre Verwahrung gibt. Rücksichtslose Kinderbesitzerinnen sind verantwortlich für den Zoff im Skatepark. Rollerkinder rollern unberechenbar, bleiben an den Kanten hängen, stürzen und plärren hinterher auch noch. Wenn ein Skater die Rollerkinder entfernen will, zetert ihn das uneinsichtige Elternteil an. Selbst Bobbycars sollen schon in der Anlage gesichtet worden sein. Mütter und Väter betrachten die Skater geradezu als Asoziale, was man aber auch umgekehrt sehen kann.

Skater sind Subkultur. Individualisten im Beton-Dschungel. Die können nicht auf solche Heli-Mütter. Also doch wieder Skateakrobatik an der Hauptwache? Diese ist ja noch immer ein mythischer Ort des Skateboardings mit guten Curbs, Ledges und Stufenanordnungen. Noch vor der Domplatte in Köln galt die Hauptwache als die Nr. 1 des Skatings in Deutschland. Einige Heldentaten sind bei Youtube dokumentiert.

80 Männertoilette
Pissoir der Commerzbank
Kaiserstraße 16

Unzählige Kübel von Häme hat die Commerzbank schon über sich ergießen lassen müssen wegen ihrer schicken Herrentoilette in der 49. Etage ihres Frankfurter Konzernsitzes. Entworfen und erbaut wurde das Hochhaus in den Jahren 1991 bis 1997, als der Beruf eines Bankmanagers noch als respektabel angesehen wurde. Für das Projekt und damit auch die Vorstandstoilette zeichnete der britische Stararchitekt Norman Foster verantwortlich. Mit 56 Etagen und einer Höhe von 300 m bis zur Spitze war der Turmbau bei Fertigstellung das höchste Gebäude Europas.

Die bekannte Toilette hat ihre Pissoirs an den Außenwänden, darüber befindet sich eine Glaswand für den freien Blick in die Ferne. Nirgendwo in Frankfurt hat das männliche Wesen beim Urinieren eine bessere Aussicht. Leider ist der Zugang, da dem Vorstand vorbehalten, nicht öffentlich. Welches Gefühl haben die Männer, die hier ihr Wasser abschlagen, wenn sie von oben auf die Menschen herabblicken? Auf die Angestellten unten im Turm, und ganz unten auf die Obdachlosen, Junkies, Anzugträger, Nutten, Dönerverkäufer, Aufreißer, Cafébesucher, Marktfrauen, Touristen, Flanierer im nahe gelegenen Bahnhofsviertel? Nur politisch korrekte Kleingeister, die uns ohnehin schon zum Erbrechen bringen, sehen hier Ansätze zur Mäkelei.

Zur Beruhigung. Sie ist nicht die höchste. Zum einen gibt es Pissoirs mit Aussicht auch anderswo, etwa im Seoul-Tower oder im Riverside Hotel Hamburg. Getoppt wird die CoBa von The Shard's in London: 68. Etage, und nicht nur die 49., wie in Frankfurt. (Foto: Ulrich Mattner)

81 Männertracht

Deutschordensfamiliare

Brückenstraße 3a

Der 1190 gegründete Deutsche Orden bestand aus adeligen Rittern. Ihre vornehmste Aufgabe war, im Heiligen Land die Ungläubigen zu bekämpfen. Und Dienst an den Armen und Kranken zu leisten. Nach ihrer Vertreibung aus Palästina 1291 widmeten sie sich der gewaltsamen Bekehrung der Prußen und Litauer im Baltikum. An der Alten Brücke in Frankfurt wurde 1307 eine Kirche der Deutschordenskommende erbaut.

Es gibt ihn noch, den Deutschen Orden. Sein Sitz ist in Wien und er hat 1.100 Mitglieder. Ein Zweig des Ordens sind die Familiaren. Ihre deutsche Ballei befindet sich in Frankfurt am Main. Wir sehen sie öffentlich mindestens einmal im Jahr, beim Jahres-Megaevent des katholischen Frankfurt: das Karlsamt im Dom St. Bartholomäus am letzten Samstag im Januar. Der Todes- und Gedenktag Karls des Großen ist der 28. Januar. Das Amt findet seit 1332 statt. Angetan in schwarzem Umhang mit dem schwarzen Balkenkreuz auf der linken Seite schreiten sie würdevoll durch den Dom und nehmen ihre traditionellen Plätze im Chorgestühl ein. Auch andere feierliche Anlässe, wie die Frankfurter Fronleichnamsprozession, stets am zweiten Donnerstag nach Pfingsten, zieren sie mit ihrer Präsenz.

Ihre heutigen Mitglieder sind – naturgemäß katholische – Männer, die seit 1929 nicht mehr dem Adel entstammen müssen. Als weltliche Personen legen sie ein Versprechen auf den Orden ab. Es sind hervorragende Wohltäter, die den Orden personell und finanziell unterstützen. Die Familiaren führen einen einwandfreien Lebenswandel und erfreuen sich eines guten Rufes. Dazu gehörten u.a. Franz Josef Strauß und gehört Edmund Stoiber.

82 Männerträume
Internationale Automobil-Ausstellung
Messegelände

Die Internationalen Automobil-Ausstellungen (IAA) vereinen bis heute vieles, was Männerherzen höher schlagen lässt: technische Highlights, aufregende Hostessen, neueste Modelle…

Mit der IAA knüpfte Frankfurt an die vor dem Zweiten Weltkrieg in Berlin, das nun hinter dem Eisernen Vorhang lag, veranstalteten Autosalons an. Frankfurt, das sich in der Bewerbung um die IAA gegen sieben Konkurrenten durchgesetzt hatte, konnte für sich die international bestens vernetzte Lage am Schnittpunkt von Auto-, Schienen-, Schiffs- und Flugverkehr ins Feld führen. Außerdem hatte sich hier bereits der Verband der Automobilindustrie angesiedelt.

Schon bei der ersten Automobilmesse im April 1951 drängten sich 570.000 Besucher – überwiegend Männer – in den Messehallen. Die beiden Automobilclubs hatten zu Sternfahrten nach Frankfurt geladen. 537 Aussteller zeigten ihre Produkte. Die Menschen konnten sich damals zwar meist noch kein eigenes Auto leisten, aber die ausgestellten Zweiräder und Kleinstwagen fanden reißenden Absatz. Bundeskanzler Konrad Adenauer besuchte die Mainmetropole aus diesem Anlass erstmals offiziell und adelte die Messe zur „Visitenkarte Deutschlands". Die Tradition des Eröffnungsrundgangs erhält auch Bundeskanzlerin Angela Merkel bis heute aufrecht.

Die IAA, alle zwei Jahre veranstaltet, ist mit mehr als 900.000 Besuchern noch immer die erfolgreichste Messe in Frankfurt. Auch wenn das eigene Auto heute, bedrängt von Umweltbewusstsein, Carsharing und E-Bike, längst nicht mehr den Stellenwert besitzt wie in den Jahrzehnten des Wirtschaftswunders und danach.

Die Berger- u. Louisen

83 Männervater
Wo Benjamin wohnte
Berger Straße 57

2017 las Frankfurt mal wieder, dieses Mal „Benjamin und seine Väter" von Herbert Heckmann (1932–1999). Die alljährliche Großver-
anstaltung „Frankfurt liest ein Buch" wurde 2010 von Lothar Ruske
ins Leben gerufen. Sie ist ein fester Bestandteil des Frankfurter Li-
teraturjahres.

Heckmanns Roman spielt rund um die Frankfurter Berger Straße
57 im Frankfurter Nordend. Leitfigur des Buches ist Benjamin, der
im Buch 1919 geboren wurde und der seine Kindheit und Jugend
hier verbringt. Das Hauptmotiv der Erzählung ist Benjamins Suche
nach einem Vater. Einer, der in Frage kommt, vielleicht sein wirkli-
cher Vater, lebt zwischen Paris und Amerika. Die andere, ihn aber
nicht formell adoptierende Vaterfigur ist „Jonas" Franz Bernoulli.
Dieser väterliche Freund begleitet den Jungen durch seine Kindheit
und fördert seine Suche nach der eigenen Identität.

Im 20. Jahrhundert suchten, nicht zuletzt bedingt durch zwei Welt-
kriege, viele Söhne ihre Väter. Benjamin findet in Jonas seinen gewählten Vater für 14 Jahre. Ein Vater, wie man ihn sich wünscht.
Offen, vorbildhaft – ein Genussmensch, der gern kocht und isst und,
nun ja, auch viel raucht.

Herbert Heckmann hat Benjamin den Ausruf „Ich scheiß auf alle
Väter, die uns ein solches Leben eingebrockt haben" in den Mund
gelegt. Dies verdeutlicht die Frustration mehrerer Generationen
von Frauen und Männern, die sich durch Diktatur und Krieg ihres
Lebens beraubt fühlten.

84 Männerversammlung
Paulskirche
Paulsplatz

Es war ein guter Tag, dieser 31. März 1848, als 574 „Vertrauens-
männer der Nation" zur Tagung des Vorparlaments unter großer
Anteilnahme der Öffentlichkeit in die Paulskirche einzogen. Sie leg-
ten den Modus fest, nach dem das allseits geforderte deutsche Parlament zu bilden sei. Die Politiker entschieden, dass die Mitglieder
einer verfassunggebenden Nationalversammlung in allgemeinen
und gleichen Wahlen zu bestimmen wären – allerdings nur durch
volljährige Männer. Immerhin 75 Prozent davon gingen tatsächlich
zur Wahl.

Unter großem Beifall konstituierte sich schließlich am 18. Mai 1848
das erste frei gewählte Parlament Deutschlands in der Paulskirche.
Der damals gerade einmal 15 Jahre alte Neubau besaß mit 2.000
Plätzen das größte Auditorium der Stadt. Auch wenn sich auf der
Zuschauertribüne Frauen lautstark zu Wort meldeten, im Plenum
blieben die Männer unter sich. Die Beteiligung von Frauen erschien
undenkbar. Ihr Engagement war vielmehr Zielscheibe beißenden
Spotts. Die Fähigkeit zur politischen Auseinandersetzung wurde
ihnen schlichtweg abgesprochen. Erst 70 Jahre und viele Kämpfe
später mussten sich die Herren der Schöpfung aktives und passives
Wahlrecht mit den Frauen teilen. Allerdings tagten die Herren bis
zum 30. Mai 1849 unter dem Bildnis einer Frau: der Germania von
Philipp Veit (1793–1877), der diese Personifikation Deutschlands im
Geiste der ersehnten nationalstaatlichen Einheit erschaffen hatte.

Das Paulskirchen-Parlament scheiterte zwar bekanntlich, aber die
am 27. Dezember 1848 verkündeten Grundrechte haben im Kern bis
heute im Grundgesetz Bestand.

85 Männerwahl
Wahlkapelle
Bartholomäusdom

Kaum zu glauben, dass hinter dieser unscheinbaren Tür ein exklusiver Kreis adeliger Herren jahrhundertelang Entscheidungen von welthistorischer Bedeutung vollzog. Nur ein schmaler Durchlass im Frankfurter Kaiserdom führt zur Wahlkapelle.

In der Goldenen Bulle von 1356 war nicht nur Frankfurt als Ort der Wahl des Königs und künftigen Kaisers des Heiligen Römischen Reiches Deutscher Nation, sondern waren auch sieben Wahlmänner bestimmt worden: die drei geistlichen Kurfürsten, und zwar die Erzbischöfe von Mainz, Köln und Trier, sowie die weltlichen Kurfürsten, nämlich der König von Böhmen, der Pfalzgraf bei Rhein – 1623 auf Bayern übertragen –, der Herzog von Sachsen sowie der Markgraf von Brandenburg. Für die Pfalz und Hannover kamen im 17. Jahrhundert zwei zusätzliche Kurwürden hinzu. Und kurz vor Ende des alten Reiches erfolgte durch die Säkularisation und territoriale Veränderungen eine weitere Umbildung des Kurfürstenkollegiums, wodurch Hessen-Kassel zum erlauchten Kreis der Kurfürsten stieß.

Nach dem Tod des Königs musste der Mainzer Kurfürst innerhalb eines Monats zur Wahl nach Frankfurt einladen. Die Kurfürsten oder ihre Gesandten durften die heimliche Hauptstadt nicht ohne Wahlentscheid verlassen und hatten sich in 30 Tagen auf einen Kandidaten zu einigen – ansonsten sollten sie nurmehr Brot und Wasser erhalten. Aber zu dieser Maßnahme ließen sie es nie kommen.

Ab 1486 vollzogen die Kurfürsten die Wahl in der Bibliothek südlich des Chores, wo sie keinen neugierigen Blicken ausgesetzt waren. Den Namen Wahlkapelle erhielt der Raum erst im 19. Jahrhundert.

86 Männerwelt
Kanalarbeiter
Ganz Frankfurt

Kanalarbeiter, so denkt man gemeinhin, können eigentlich nur Männer sein. Was die 1.600 Kilometer der Frankfurter Kanalisation angeht, ist das korrekt. Der Andrang von Frauen für dieses Berufsfeld ist übersichtlich. Gibt es nicht auch das Vorurteil, Frauen seien reinlichere Wesen als Männer? Es mag vorkommen, dass Vorurteile die Realität widerspiegeln.

Der Dritte Mann lässt grüßen. Doch so komfortabel wie in Wien geht es in Frankfurt nicht überall zu. Der Einstiegsschacht ist 57 cm breit. Auf rechteckigen Gusseisen geht es stufenweise mehrere Meter in die Tiefe. Die dann quer verlaufenden Kanäle sind unterschiedlich hoch. Moderne Betonrohre erlauben eine bequeme Stehhöhe. Dagegen müssen die alten gemauerten Kanäle des 19. Jahrhunderts auf allen vieren durchkrochen werden. Der Ausbau des Kanalnetzes begann 1867 und die erste Frankfurter Klärbeckenanlage nahm 1887 den Betrieb auf. Damals waren Frauen im Untergrund ohnehin undenkbar.

Die Arbeitsbedingungen sind bis heute unkalkulierbar und wenig angenehm. Was dort unten fließt, ob Rinnsal, ob Sturzbach, hängt vom Regen ab. Es ist von Vorteil, wenn es regelmäßig regnet, denn es gibt hier einiges, was weggespült werden sollte. Umgekehrt kann es auch zu Verstopfungen kommen. Dann ist ein Notdienst gefordert, der 24 Stunden bereitsteht. Die Temperatur beträgt konstante 15 Grad, im Winter durchaus heimelig. Weniger erfreulich ist der Geruch, doch das ist Gewöhnungssache. Elektrische Leitungen mit Lampen gibt es aus Brandschutzgründen nicht. Nur Handlampen mit Akku. Schließlich bevölkern noch diverse Tiere die Kanalisation. Vermutlich keine Streichelwesen für Frauen.

87 Männerwirtschaft
Automarkt Gravenbruch
Neu-Isenburg/Gravenbruch

Das Autokino in Gravenbruch, nahe Offenbacher Kreuz und unweit der A 3, gibt es seit 1960, womit es das älteste Autokino Deutschlands ist. Es bietet Platz für 600 PKW, deren Insassen Blick auf eine Leinwand von 15 m Höhe und 36 m Breite haben. Dieses nostalgische Relikt grauer automobiler Vorzeit ist noch in Betrieb.

Das Autokino ist der Schauplatz eines regelmäßigen privaten Automarktes, der jeden Samstag von 8 Uhr bis 14 Uhr stattfindet. Dann stehen dort etwa 200 Gebrauchtwagen von privat und Handel und etwa 500 Kaufinteressenten finden sich ein. Die Anbieter fahren dort hin, zahlen eine Ausstellungsgebühr von 22 Euro und bieten ihr Fahrzeug an. Kaufinteressenten dürfen das Gelände für 3 Euro betreten. Vor Ort sind ein Versicherungsdienst und die Zulassung ansässig, ebenso sind Kaufverträge vorrätig.

Gerüchten zufolge sind Automärkte keine Biotope sauberer Geschäftspraktiken. Aber wo gibt es die überhaupt noch? Viele der Anbieter sind professionelle Händler. Schnäppchen dürften eher selten sein. Unfallfreie Wagen sind nicht immer unfallfrei. Sagt der Kilometerzähler die Wahrheit? Sollen wir nicht lieber einen anderen Preis in den Vertrag schreiben? Asylanten vom Balkan bessern schon mal ihre kargen Sozialhilfebezüge mit Autohandel auf. Doch soll Derartiges nicht den Blick dafür verstellen, dass wir hier einen der besten und schnellsten Wege haben, gebrauchte Fahrzeuge zu kaufen oder zu verkaufen – von Mann zu Mann.

88 Männerwurm
Fachgeschäft Angel-Bär
Braubachstraße 7

Um eine besonders schöne Forelle zu fangen, muss sich der mit Geduld und Jagdtrieb ausgestattete Mann einiges überlegen. Kleine, manchmal recht eklig wirkende Köder müssen her. Wenn die Dame am feinen Buffet wüsste, was so ein Tier frisst – nun ja – da würde manches Prachtexemplar von Lachsforelle liegen bleiben.

Welche possierlichen kleinen Tierchen sind es nun, die die großen Fische locken sollen: Maden in Dose oder im Liter zu bestellen, große schön zappelnde Tauwürmer, Rotwürmer, Bienenmaden. Pinkies zum Beispiel sind verpuppte Maden der Goldfliege und für den Zander der richtige Köder. Jener Zander, den Mann und Frau gern auf der Haut brät!

Hier geht es um Angeln und Fischen, zwei unterschiedliche Methoden, um der Wasserbewohner habhaft zu werden. Geangelt wird mit der Angel und gefischt wird mit allem anderen, also mit Netz, Reuse, Speer oder Harpune.

Das Geschäft Angel-Bär in der Braubachstraße 7 ist der Ort höchster Vorfreude für den angelwilligen Frankfurter. Hier gibt es alles, was zum Angeln und Fischen gehört. Besonders schön ist, dass sich ein solches Fachgeschäft gegen den Trend des Internets stellt. Zumal Angler und Fischer eher dem emotional entschleunigten Teil der männlichen Bevölkerung zuzurechnen sind.

89 Männerzug
Hafenbahn Osthafen
Hanauer Landstraße 441

Zumindest in früheren Zeiten wollten viele Jungs später einmal Lokomotivführer werden. Dieser Traum realisierte sich nur für einige. Und manche von ihnen arbeiten heute für eines der kleinsten Bahnunternehmen der Republik: die Frankfurter Hafenbahn mit einem Streckennetz von gerade einmal 52 Kilometern – früher waren es dreimal so viel. Heute bietet sie 16 Männern, davon 14 Lokführern einen ungewöhnlichen „Traum"-Job mitten in Frankfurt.

Die Linie wurde vor dem Bau des Hauptbahnhofes 1859 als Verbindungsbahn zwischen den vier Bahnhöfen der privat betriebenen Eisenbahnen von der Stadt finanziert. Bis heute führt das Hauptgleis entlang des nördlichen Mainufers durch die Stadt. Rasch entwickelte sie sich mit dem Ausbau der beiden Häfen weiter und verband die an die Häfen angeschlossenen Industriegebiete vom Ostend bis nach Seckbach und Griesheim direkt mit dem deutschlandweiten Bahnnetz. Doch mit dem Rückbau der Häfen und Umnutzung der Industriegebiete verlor sie seit Ende des 20. Jahrhunderts stark an Bedeutung.

Früher bestand ein Rangiertrupp aus Rangiermeister, Vorrangierer, Weichensteller, Hemmschuh-Mann und Lokführer. Heute sind die Lokführer zugleich Rangiermeister und fahren die verbliebenen drei Dieselloks per Fernsteuerung aus bis zu 500 Metern Entfernung gemeinsam mit einem Kollegen. Aber die Faszination für die Bahn bleibt.

Die vom Verein Historische Eisenbahn Frankfurt bewegten Museumszüge halten zudem die Erinnerung an die 1958 im Regelbetrieb ausrangierten Dampfloks und die Personenbeförderung wach.

90 Männlichkeitswahn
Auto-Tuning
Hanauer Landstraße

Auto-Tuner und Christen haben einen gemeinsamen hohen Feiertag: die Motorfreunde den Car-Freitag und die Gottgläubigen den Karfreitag. Allerdings begehen sie ihn unterschiedlich. Die einen in stillem Gedenken in Andacht an die Leiden des Herrn, die anderen mit lauten Motoren und hohem Tempo. Hier soll aber von den Schraubern die Rede sein. Und von Motorgeräuschen. Es geht vom Blubbern zum Röhren.

Die Zentralmeile der Community ist die Hanauer Landstraße. Hier werden am Car-Freitag schon einmal ansehnliche 145 km/h innerorts gemessen. Dies von der Polizei, die den ambitionierten Autoschraubern zunehmend die Party versaut. Das Hochamt der Autofreunde findet auf den Parkplätzen nahe der Esso-Tankstelle an der Hanauer Landstraße statt. Hier sehen wir tiefergelegte Autos, veränderte Schalldämpfer, Rennsportfahrwerke, Rennsportbremsanlagen, Motorumbauten, Folierungen. Alles ordentlich in die Papiere eingetragen, da sie der Straßenverkehrs-Zulassungsordnung entsprechen müssen.

Ein Blick in die Historie: Der Vater aller getunten Autos war der VW-Käfer. Kennt noch jemand den Namen „Dieter Korp"? Da ging es um Ingenieurkunst und nicht um Simpel-Tuning mit Aufklebern, Tieferlegungsfedern, Leichtmetallfelgen, aufgemotzter Auspuffanlage, Breitreifen und Rallye-Scheinwerfern. Heute sind auch Mädels dabei, attraktiv und dekorativ, nicht selten mit ölverschmierten Händen. Der Tussi-Tuning-Anteil soll bereits bei 20 Prozent liegen. Im Dekor bevorzugen sie florale Muster.

91 Manieren
Moulin Rouge
Moselstraße 31

Im Rotlichtmilieu des Frankfurter Bahnhofsviertels gibt es die verschiedensten Orte für sexuelle Erregung. Pornokinos, Table-Dance-Lokale und Animierlokale. Denn auch im sexuellen Sinne kann „Mann" vorglühen. Neben dem fast historischen „Pik Dame" ist das Moulin Rouge in der Frankfurter Moselstraße ein solcher Ort. Die Einrichtung sehr gepflegt, elegant, fast gemütlich. Eine lange Theke aus Holz gehört zu dieser Bar, einer Institution im Bahnhofsviertel. Hier kann der Mann erst einmal im Milieu ankommen und sich mental auf das spätere Geschehen einstellen. Hilfreich hierzu ist auch das Team von Milicas, der Chefin des Moulin Rouge. Es sind Gespräche, kleine Flirts oder Aufmunterungen, die sich der Gast hier holen kann.

Im hinteren Bereich des Moulin Rouge befinden sich kleine Sitznischen oder Alkoven mit Vorhängen, um vielleicht etwas unbeobachteter zu sein. Diskretion ist das Entscheidende. Allerdings handelt es sich hier nicht um Orte für kommerziellen Sex, denn dieser ist im Haus, das außerhalb der eigentlichen Toleranzzone liegt, nicht gestattet. Noch ein wenig eleganter und intimer ist die kleine Schwester des Moulin Rouge, die Petit Brasserie. Hier sollte der unterhaltungswillige Herr allerdings etwas mehr Geld mitbringen. Die in solchen Lokalen zuweilen unterstellte Abzocke ist aber auf keinen Fall zu erwarten.

Das Haus aus dem Jahr 1904 wurde nach den Plänen von Carl Bauer im Stil der Neurenaissance und des Jugendstil für den Bäckermeister F. Kempf gebaut. Es gehört in der vierten Generation immer noch der Gründerfamilie. Die jetzige Eigentümerin, Astrid Kempf-Rother, hat das Haus mit ehemaliger Bäckerei denkmalhistorisch restaurieren lassen.

92 Manneskraft
Hammering Man
Friedrich-Ebert-Anlage 49

Seit 1991 hämmert die 21,5 Meter hohe, stilisierte Silhouette eines Mannes vor dem damals gerade fertiggestellten Messeturm tagein, tagaus monoton auf ein imaginäres Werkstück ein. Das kinetische Kunstwerk, geschaffen von dem US-amerikanischen Künstler Jonathan Borofsky (*1942), reiht sich in eine größere Zahl unterschiedlicher Versionen dieser Installation ein. Hammering Men sind an zwölf verschiedenen Orten des Globus in diversen Größen installiert. Die höchste ist mit 22 Metern Länge kaum größer als die Frankfurter Version und in Seoul aufgestellt. Das hiesige Exemplar trägt die Signatur 3307624. Den drei Tonnen schweren Arm bewegt ein 5-PS-Motor in gleichmäßigem, dem Atem nachempfundenem Rhythmus auf und ab.

Jean Christoph Amann (1939–2015), Gründungsdirektor des Museums für Moderne Kunst, hatte die Idee aus Basel mitgebracht und Künstler wie Investor dafür gewonnen. Der Bauherr des Messeturms, Jerry Speyer (*1940), dessen lange in Frankfurt ansässige jüdische Familie während der NS-Zeit in die USA geflüchtet war, finanzierte das Kunstwerk. Das Ensemble von Hammering Man und Messeturm gehört inzwischen zu den Wahrzeichen der Messe, ja Frankfurts.

Die Figur kann als moderne Variante eines Arbeiterdenkmals gelten und lässt an Hephaistos denken. Damit erinnert sie an die große Bedeutung der Industrie für die Entwicklung Frankfurts, wo Firmen wie die Farbwerke Hoechst, VDO, Cassella oder Hartmann und Braun jahrelang das Wirtschaftsleben dominierten. Dessen Image prägt zwar die von den Bankentürmen gebildete Skyline. Aber größter Gewerbesteuerzahler war bis 2016 das produzierende Gewerbe und nicht das Bankwesen.

93 Mannesschwäche
Michis Schokoladenatelier
Sandweg 60

Männer können auch ganz schön zart sein! Michi und sein Schokoladenatelier sind das allerschönste Beispiel hierfür. Wer sich mit Schokolade beschäftigt, wird bald feststellen, dass im Genuss eines Stückchens Schokolade viel Erfahrung, Geduld und gute Zutaten stecken. In Michis Schokoladenatelier im Sandweg kann man seit 2006 dies alles erfahren oder auch nur genießen. Beides wird in Seminaren und Proben erklärt und getestet.

Die Rohstoffe, die im Sandweg verarbeitet werden, sind vielfältig. Die Kakaobohnen kommen in sehr verschiedener Qualität aus Regionen rund um den Äquator. Der Samen, also die Kakaobohne, wird fermentiert und getrocknet. Dadurch entwickelt sie den typischen, aber auch individuellen Geschmack.

Erst das Rösten und die Beimischung von Zutaten, wie Zucker und Gewürze, sowie Behandlung durch weitere technische Verfahren lässt die Schokolade zum Produkt allgemeiner Begierde werden. Die Geschmacksbalance zwischen Röstaromen und einer „Unzahl" von Wahrnehmungen auf der Zunge ist für jeden Schokoladenneugierigen in Michis Schokoladenatelier zu entdecken.

Michi, der den bürgerlichen Namen Michael Kitz trägt, schätzt die Wärme nicht, genau genommen seine Produkte. Bei Tagestemperaturen über 26 Grad ist sein Atelier geschlossen. Dann kann man seine wichtigste Eigenentwicklung, die „Frankfurter Sandwegkugel", nicht mehr bekommen. Eingeweihte kennen sie als die hessische Antwort auf die Mozartkugel.

94 Manneszucht
Corps Austria
Freiherr-vom-Stein-Straße 29

In Frankfurt gibt es rund 20 Studentenverbindungen, wovon fünf pflichtschlagende Männerbünde sind. Einer davon ist das 1861 an der Universität Prag gegründete Corps Austria. Die deutschsprachigen Studenten sahen in der Verbindung einen Bezugspunkt ihrer nationalen Identität. Ihre Farbe ist schwarz-weiß-gelb in Bezug auf die Fahne des alten Österreich. Nach 1918 war ein Weiterbestehen des Corps im neuen tschechischen Staat nicht mehr möglich.

Das Corps zog an die neu gegründete Universität Frankfurt um. 1936 erfolgte unter dem Druck des NS-Staates die Auflösung des Corps und 1949 die Wiedereröffnung. Das Corps-Haus im Westend konnte 1954 eingeweiht werden.

Die Zusammenkünfte erfolgen in der Form der „Kneipe". Dies ist eine formelle Veranstaltung im Corps-Haus mit fester Sitzordnung, Bierkonsum, Liedern, verbindungsrelevanten Riten und Reden. Die Kneipe ist eine reine Herrenveranstaltung mit Traditionskleidung oder dunklem Anzug. Die feierliche Variante der Kneipe ist der Kommers. Vom Corps Austria als pflichtschlagender Verbindung werden Mensuren gefochten. Bei diesem streng reglementierten Fechtkampf mit scharfem Säbel („Schläger") kommt es darauf an, Tapferkeit zu zeigen, nicht zurückzuweichen und Kopfverletzungen in Kauf zu nehmen. Zu diesem Zweck sind zwei „Paukärzte" mit dabei. Dies alles dient der Persönlichkeitsbildung des wahren Mannes.

95 Mannsbild
Hochzeitspförtner
Römerberg 1

Der Mann als Glücksbringer? Ja, das gibt es. Aber nur einmal ganz offiziell in Deutschland. Nämlich den Hochzeitspförtner vor dem Römer – seit den 1920er Jahren. Im städtischen Telefonbuch ist er zwar unter der prosaischen Bezeichnung „Pforten- und Boten- dienste" aufgeführt, doch in Frankfurt ist der Mann, der jeden Wo- chentag vor dem Römer steht, nur als Hochzeitspförtner bekannt.

Und er macht schon etwas her mit seiner Dienstkleidung – früher ei- ner weiß-goldenen Fantasieuniform, heute einem Cut und Zylinder sowie im Winter einer Pelerine. Die braucht es auch, denn der Hoch- zeitspförtner muss den Brautleuten bei jedem Wetter den Weg wei- sen. Im Zwanzig-Minuten-Takt schickt er Brautpaar für Brautpaar mit der jeweiligen Festgesellschaft in den Trausaal. Während der Zeremonie hat er den Ausgang der Hochzeitstreppe zu bewachen, die nicht selten die Neugier der vielen chinesischen Touristen und anderer Passanten auf dem Römerberg erweckt. Immerhin waren diese jahrhundertealten Stufen bis 1741 von den gerade gewählten Kaisern auf dem Weg zum Festmahl im Kaisersaal genutzt worden. Jetzt sind sie den frischgebackenen Eheleuten vorbehalten, die der Hochzeitspförtner im Namen der Stadt und damit aller Frankfurter als einer der ersten beglückwünscht.

Sicherlich gehört er zu den am meisten fotografierten Personen in Frankfurt und dürfte sogar Oberbürgermeister Peter Feldmann, der sich ja wahrlich häufig ablichten lässt, toppen. Denn nach dem Foto des Brautpaares vor dem Römerportal kommt unweigerlich der Moment für das Bild mit dem Hochzeitspförtner. Bevor das nächste Paar die Treppe herabschreitet, schießt er von der Festgesellschaft noch das Bild, das alle zeigt.

96 Mannschaftsgeist
Pissmeile am Stadion
Flughafenstraße

Dies ist einer der wenigen 100%igen Männerorte. Denn Stehpinkeln, obwohl anatomisch bei Frauen nicht ausgeschlossen, wird dort nur von den Herren durchgeführt. Die Szenerie ist denkbar einfach. Heimspiel der Eintracht. Während des Spiels und in der Halbzeit, werden – überwiegend von den Herren – größere Mengen Alkohol konsumiert. Am Ende ist das Spiel vorbei, oft mit geringem Spaßfaktor und nicht übermäßigem Erfolg für die Eintracht.

Wie auch immer. Heimweg. Raus aus dem Stadion. Sogar vor dem Abpfiff, falls die Eintracht grottig gespielt haben sollte. Über die Straße entlang zur Tram. Rechts der Stadtwald. Bier oder Apfelwein – ganz harte Typen wie Freund Werner aus Hannover konsumieren beides auch gerne parallel – drücken auf die Blase. Anschließend die lange Fahrt mit der Straßenbahn ohne Ausweg. Wohin also mit dem Druck? An einen Baum, was ja auch andere Säugetiere gerne praktizieren. Wenn kein Baum da ist, dann eben zum Wald hin. Immerhin stimmt die Richtung.

Und auf diese Weise sehen wir während der Saison auf einen Blick immer ansehnliche Mengen von Herren, zugehörig zur Heimmannschaft oder den Gästen, friedlich nebeneinanderstehen. Zwischen den Fingern den kleinen Freund, im Gesicht den beglückten Gesichtsausdruck der Erleichterung. Vor sich den gelb-weißen Bogen der Flüssigkeit. Jetzt ist für 20 Minuten Ruhe garantiert, bis der Gespritzte wieder heruntergeträufelt ist. Aber dann ist kein Wäldchen mehr da, sondern das Gedränge in der Tram.

97 Mannschaftsmesse
O'Dwyer's Irish Pub
Klappergasse 19

Bei Darts werden Metallpfeile auf eine 2,37 Meter entfernte Scheibe geworfen. Ihr Mittelpunkt (Bulls Eye) befindet sich auf 1,73 Meter Höhe. Auf der Scheibe sind seit 1896 Zahlenfelder festgelegt, deren höchstes die dreifache 20 ist. Als Mutterland des Dartsports gilt England. Da es sich um ein Geschicklichkeits- und kein Glücksspiel handelte, durfte es ab 1908 in Pubs gespielt werden. Wo wir es auch heute noch verorten.

Das vielleicht erste öffentliche Dartboard hing in Sachsenhausen, wo der deutschlandweit erste Irish Pub eröffnete. Es war der Anglo-Irish Pub von Tony Dwyer, wo englische Stammgäste ihrem heimatlichen Brauch nachgingen. Bald kamen viele der in Frankfurt zahlreich stationierten amerikanischen Soldaten hinzu, denen dieses Spiel zunächst noch unbekannt war. So entstand ein Kneipenteam, das bald gegen Soldatengruppen anderer Kneipen in der Region Wettbewerbe austrug. Robert Ryan, ein 1959 an die Airbase gekommener Amerikaner, organisierte 1976 in Frankfurt sogar die erste deutschlandweite Dart-Meisterschaft. Frauen waren unter den Spielern nicht zu finden.

Alle Weltklasse-Dartspieler sind Männer. Frauen scheitern regelmäßig in der Qualifikation. Den Grund dafür nannte Stefanie Zwitkowitsch (39), eine der besten deutschen Dart-Spielerinnen anlässlich der Dart-WM 2016 in London: „Es muß doch etwas mit unseren genetischen Voraussetzungen zu tun haben. Männer können einfach besser fokussieren..." (Focus online, 2.1.2016).

98 Mannschaftsspiel
Rugby
Feldgerichtstraße 29

Rugby ist eine Mannschaftssportart, die 1863 in England offiziell begründet würde. Der Sport ist überall im britischen Commonwealth beliebt und wird besonders in der Oberschicht und oberen Mittelschicht geschätzt. In Deutschland führt diese Sportart – leider – nur ein Nischendasein. Rein äußerlich ist es ein Sport von harten Männern, die sich auf dem Spielfeld offiziell raufen dürfen. Dafür gibt es zwar Spielregeln, aber die sind dem Außenstehenden schleierhaft.

Die Zentren des Rugby in Deutschland sind Heidelberg und Hannover, mit jeweils mehreren Erstliga-Mannschaften. In Frankfurt ist Rugby seit 1880 beheimatet, seit dem Zusammenschluss von Germania und Franconia Frankfurt zum heutigen SC Frankfurt 1880 e.V. Die Vereinsfarben Rot und Schwarz übernahm der anfangs noch „Fußballclub Frankfurt" genannte Verein 1894 nach einer Auslandsreise vom Blackheath Football Club in London. Bei der Olympiade in Paris 1900 stellte der Fußballclub Frankfurt die deutsche Mannschaft und errang die Silbermedaille im Rugby.

Die Vereinsanlage des SC Frankfurt 1880 befindet sich neben dem Gelände des Hessischen Rundfunks, nördlich der Adickesallee. Sie umfasst 70.000 qm und ist seit 1923 im Besitz des Vereins. Die Rugbymannschaft des SC 1880 ist eine der erfolgreichsten in Deutschland. Zweimal wurde sie Deutscher Meister (2007/2008 und 2008/2009) und mehrfach Deutscher Vizemeister. Seit 1988 gibt es auch Frauen-Rugby. Hier errangen im 7er Rugby die Damen des RC Heusenstamm eine Vielzahl Deutscher Meisterschaften.

99 Mannschaftssport
Die Sponti-Kicker
Ostpark

Ab 1969 traf sich immer samstagnachmittags die linke Szene nach der vormittäglichen Demo zum Kicken im Grüneburgpark. Anfangs traten die Hausbesetzer und WGler noch barfuß und gemeinsam mit ein paar Gefährtinnen auf den Ball ein. Aber bald trennten sich die Machos von den „Unpolitischen" und zogen in den 1970er Jahren ohne die Mädels und den ständigen Geschlechterkampf auf die vereinsfreien Sportplätze in den Ostpark um. Dort flankten die Jungs, die sich selbst als die „Scene" verstanden, nun in Stollenschuhen in richtige Tore. Rasch waren sie als die Matadore der Frankfurter Spontis berüchtigt und bildeten bald die Keimzelle der Realos bei den neu entstehenden Grünen. Dazu gehörten der spätere Außenminister Joschka Fischer, Daniel Cohn-Bendit, nachmals Dezernent für Multikulturelle Angelegenheiten im Frankfurter Magistrat, oder der heutige Tigerpalast-Chef Johnny Klinke.

Der meist schwache Tabellenstand der Eintracht gab das Thema während des Umkleidens. Selbstverständlich ging es – fußballuntypisch – ganz antiautoritär zu. Und natürlich gab es auch keinen Schiedsrichter. Jede strittige Situation diskutierten die Spieler genüsslich selbst aus, was sie an bösen Fouls aber keineswegs hinderte.

Nach etlichen Verletzungen erhielten die Bolzplätze im Ostpark, durchwühlt von Kaninchen, bei den Freizeitkickern den Beinamen „Acker". So spielten sich die verbliebenen Alt-Spontis zuletzt den Ball nicht mehr im Ostpark, sondern unterhalb der Bundesank zu. 2012 trafen sie sich zum letzten Match: Eine Ära ging zu Ende. Der langen, nicht allein linken Fußballtradition im Ostpark setzte schließlich die Skulptur „Elfmeterpunkt auf der Erdachse" von F. W. Bernstein ein Denkmal.

100 Manschette
Herrenschneider Tom Kauth
Weckmarkt 7

Buccheri ist die Marke des Herrenschneiders Tom Kauth in Frankfurt an der Südseite des Kaiserdoms. Bevor er überhaupt beginnt, einen Auftrag zu bearbeiten, legt er Maßband, Nadel und Schere beiseite. Denn er möchte sich in seinen Kunden hineinversetzen. Für einen Herrenschneider sind Körper und Mentalität des Kunden Gegenstand eines kreativen Prozesses, der mit dem Aussehen des Mannes beginnt. Unser Schneider ist auch ein professioneller Fotograf, der seine Kunden nach dem ersten Gespräch sorgfältig mit der Linse erfasst.

Auf dieser Basis entwickelt Tom Kauth eine textile Maßanfertigung für ebenso selbstbewusste wie individuelle Kunden. Der Persönlichkeit des Mannes soll ein Look entsprechen, der auf ihn zugeschnitten ist, und das genau im Sinne des Wortes. Die edlen Stoffe kommen naturgemäß von dort, wo sie in bester Tradition ihr Zuhause haben: von der britischen Insel. Naturnah sind Futterstoffe aus reiner Seide ebenso wie Knöpfe aus Perlmutt, Büffelhorn oder Steinnuss. Der Herrenschneider kombiniert die Stoffe mit den Stilelementen italienischer Männermode. Denn bekanntlich sind Briten und Italiener die am besten gekleideten Männer der Welt.

Tom Kauth ist gelernter Herrenmaßschneider und Textiltechniker. Das Label „Buccheri" erklärt sich schlüssig nach jener mittelalterlichen Stadt im Süden Siziliens, in der seine Mutter geboren wurde. So sind ihm das Gefühl für Geschmack und Stil geradezu in die Wiege gelegt worden.

PATRI OPTIM

SAMUELI THOMAE

A SOEMMERRING

NATO. THORUNI

DIE. XXVIII. IAN. MDCCLV

DEFUNCTO. FRANCOFURTI

DIE. II. MART. MDCCCXXX

LIBERI

101 Nachrichtenmann
Samuel Thomas Soemmerring
Hauptfriedhof, Eckenheimer Landstraße 188, Gewann D

Ein ganz großer Name der Frankfurter Medizingeschichte ist der von Samuel Thomas Soemmerring (1755–1830). Der in Thorn geborene Arzt kam 1793 nach Frankfurt. In seiner Praxis, die er nach 1802 am Roßmarkt bezog, war er der bevorzugte Arzt vieler bekannter Frankfurter Familien. Neben seiner Tätigkeit als Praktischer Arzt betrieb er auch experimentelle Forschungen. So veröffentlichte er 1801 seine Untersuchungsergebnisse zur Kuhpockenimpfung. Soemmerring hatte 14 Kinder mit Kuhpocken infiziert und später mit dem Serum echter Pocken ein weiteres Mal infiziert. Die Kinder hatten durch den Erstkontakt mit den Viren Immunkompetenz aufgebaut und so wurde keines der Kinder von neuem krank. Soemmerrings Forschungsergebnisse wurden zeitgenössisch stark angezweifelt, behielten aber ihre Richtigkeit.

Soemmerring gilt ebenfalls als einer der Pioniere der Telegraphie und Nachrichtentechnik. Sein Apparat zur Übermittlung von Nachrichten machte sich die Reaktion von Wasser auf elektrischen Strom zunutze. Durch Schalter im Sender wurde ein Stromkreis geschlossen. 35 Kabel verbanden den Sender mit dem Empfänger. Metallplättchen im Wasser des Glasbeckens des Empfängers ließen durch die elektrochemische Reaktion, die Wasserelektrolyse, Gasbläßchen aufsteigen. Die einzelnen Plättchen waren mit 25 Buchstaben und zehn Ziffern gekennzeichnet. Damit entstand ein erkennbares Signal und somit einer der ersten Apparate zur elektrischen Informationsübertragung.

Soemmerring korrespondierte mit den Geistesgrößen seiner Zeit wie Goethe und den Humboldts. 1817 war er Gründungsmitglied der Senckenbergischen Naturforschenden Gesellschaft.

Literatur

Frankfurter Tageszeitungen: Frankfurter Allgemeine Zeitung, Frankfurter Allgemeine Sonntagszeitung, Frankfurter Neue Presse, Frankfurter Rundschau.

Bauer, Thomas, Güter in Bewegung. Die Geschichter der Frankfurter Verbindungs- und Hafenbahn 1859–2009, Frankfurt am Main 2009.

Berger, Frank/Setzepfandt, Christian, 101 Unorte in Frankfurt, Frankfurt 2011.

Dies., 102 neue Unorte in Frankfurt, Frankfurt 2012.

Dies., 103 Unorte in Frankfurt, Frankfurt 2013.

Braunholz, Peter/Boerdner, Britta/Setzepfandt, Christian, Der Frankfurter Hauptfriedhof, Frankfurt 2009.

Brockhoff, Evelyn/Matthäus, Michael (Hg.), Die Kaisermacher. Frankfurt am Main und die Goldene Bulle 1356–1806, Frankfurt am Main 2006.

Brunck, Helma, Studentische Verbindungen in Frankfurt am Main. Kleine Schriften des Historischen Museums. Frankfurt am Main. Band 29, Kelkheim 1986.

Dampfbahn Rhein-Main e. V. (Hg.), 10 Jahre Feldbahnsammlung, Frankfurt am Main 1985.

Drummer, Heike/Zwilling, Jutta, Im Geist der Freiheit. Eine Topografie der KulturRegion Frankfurt RheinMain, Frankfurt am Main 2008.

Dies., Vivat! Es lebe der Kaiser, Schauplätze von Wahl und Krönung, Frankfurt am Main 2006.

Frankfurter Club kochender Männer, Goethe-Cuchi (Hg.), Das Frankfurter Küchenmesser. Ein ganz und gar unorthodoxes Kochbuch, Frankfurt am Main 1980.

Frankfurter Feldbahnmuseum e. V. (Hg.), 25 Jahre Feldbahnsammlung, Frankfurt am Main 2000.

Dass. (Hg.), Das Frankfurter Feldbahnmuseum, Frankfurt am Main 1993.

Frenz, Britta/Frenz, Achim, 40 Jahre neue Frankfurter Schule. Die schärfsten Kritiker der Elche in Wort und Strich und Bild, Frankfurt am Main 2003.

Gall, Lothar (Hg.), 1848. Aufbruch zur Freiheit. Eine Ausstellung des Deutschen Historischen Museums und der Schirn Kunsthalle Frankfurt zum 150-jährigen Jubiläum der Revolution von 1848/49, Berlin 1998.

Grab, Walter (Hg.), Die Revolution von 1848/49. Eine Dokumentation, München 1980.

Heuberger, Rachel (Hg.), 100 Jahre Westend-Synagoge Frankfurt am Main 1910 – 2010, Frankfurt am Main 2010.

Heikaus, Ralf, Die ersten Monate der provisorischen Zentralgewalt für Deutschland (Juli bis Dezember 1848), Frankfurt 1996.

Hils-Brockhoff, Evelyn/Hock, Sabine, Die Paulskirche. Symbol demokratischer Freiheit und nationaler Einheit, Frankfurt am Main 1998.

Initiative Mahnmal Homosexuellenverfolgung (Hg.), Der Frankfurter Engel, Frankfurt am Main 1997.

Jüdisches Museum Frankfurt (Hg.), „und keiner hat für uns Kaddisch gesagt…". Die Deportationen aus Frankfurt 1941 bis 1945, Basel/Frankfurt am Main 2005.

Klötzer, Wolfgang (Hg.) Frankfurter Biographie, 2 Bände, Frankfurt 1994.

Koch, Rainer (Hg.), Brücke zwischen den Völkern. Zur Geschichte der Frankfurter Messe, 3 Bde., Frankfurt am Main 1991.

Mattner, Ulrich, Im Frankfurter Bahnhofsviertel, Frankfurt 2013.

Schmitt, Oliver Maria, Die schärfsten Kritiker der Elche in Wort und Strich und Bild, Berlin 2001.

Weiss, Heike, Fuchstanz, Frankfurt am Main 1996.

Wettengl, Kurt, Frankfurter Wasserhäuschen, Frankfurt 2003.

Zingler, Peter, Rotlicht im Kopf. Das Sudfass. Über das berühmteste Bordell der Welt und warum Männer in den Puff gehen, Frankfurt am Main 2010.

Zwilling, Jutta, Baden unter Palmen. Vom „Wasserturnen" zum Aquajogging, Frankfurt am Main 2015.

Dies., „So etwas erschien einem zunächst undenkbar." Frankfurts wohl politischste Grünanlage: Der Ostpark, in: Frankfurter Parkgeschichten, hg. von Evelyn Brockhoff und Heidrun Merk, AFGK 74, Frankfurt am Main 2014, S. 178 – 185.

www.frankfurt1933-1945.de.

Bildnachweis

Die Autoren

Christian Setzepfandt, geboren 1957 in Frankfurt, ist studierter Kunsthistoriker und organisiert seit 35 Jahren Führungen in und um Frankfurt. Er arbeitet als Moderator und ist Autor der Bücher „Geheimnisvolles Frankfurt am Main", „Architekturführer Frankfurt am Main", „Frankfurt Architek-Tour" und „Der Frankfurter Hauptfriedhof".

Frank Berger, Jahrgang 1957, studierte Geschichte, Germanistik und Archäologie. Seit 1985 Kurator am Kestner-Museum Hannover und seit 1997 am Historischen Museum Frankfurt. Von ihm erschienen 30 Bücher zur Numismatik, Regionalgeschichte und Polarforschung.

Jutta Zwilling (*1961), Historikerin, 1995 Mitgründerin von „zeitsprung. Kontor für Geschichte", seit 2012 Alleininhaberin. Bevorzugt als Autorin und Ausstellungskuratorin Themen der Frankfurter Stadt- und hessischen Regionalgeschichte. Seit Ende 2010 auch Pressesprecherin des Instituts für Stadtgeschichte, für das sie inzwischen drei Sonderausstellungen kuratierte.

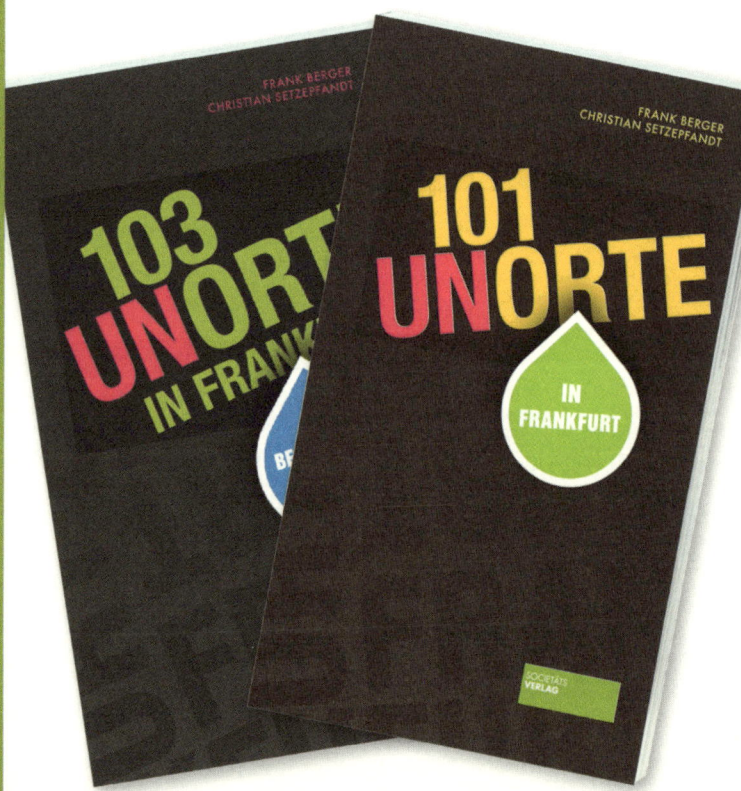

Frank Berger
101 Geldorte in Frankfurt

Von Karl dem Großen bis Mario Draghi wurde in Frankfurt am Main
über Geldpolitik entschieden. Frankfurt war aufgrund der Reichs-
messen ein wirtschaftliches Zentrum des Römischen Reiches deutscher Nation. 1585 entstand hier eine erste Wechselbörse. Traditi-
onelle Geldorte wie die Börse, die Münzhäuser, Schatzfunde oder
die Geschäftshäuser der großen Bankiers finden sich ebenso wie
die glänzenden Türme und versteckten Nischen der gegenwärtigen
Finanzeliten. Auch Falschgeld, Geldraub und allerlei weitere Skurri-
litäten dürfen nicht fehlen.

220 Seiten, Broschur, ISBN 978-3-95542-186-1, 12,80 Euro

Sabine Börchers
101 Frauenorte in Frankfurt

Wir machen weiter! Begeben Sie sich mit diesem Buch auf einen besonderen Rundgang durch Frankfurt – stets aus weiblicher Perspektive! Die Bandbreite reicht von Frau Rauscher, einer Heiligen ohne Kirche, einer Bar nur für Frauen bis hin zu den Stätten, an denen berühmte Frankfurterinnen ihre Spuren hinterlassen haben. Selbst altbekannte und auf den ersten Blick weniger „frauliche" Plätze der Stadt, wie etwa den Frankfurter Zoo, zeigt die Autorin Stadtbummlern von ihrer weiblichen Seite.

220 Seiten, Broschur, ISBN 978-3-95542-187-8, 12,80 Euro